だいわ文庫

自分の時間が3倍になる

人生を変える時間術

千田琢哉

JN207947

大和書房

プロローグ

01

一日一生で生きる。

時間がいかに貴重なのかを一瞬で理解できる方法がある。
それは、一日をあなたの一生として生きることだ。
今日が人生最期の日だとしたら、あなたはどのように生きるだろうか。
くだらない愚痴を言っている場合ではないはずだ。
二番目に好きなものを食べている場合ではないはずだ。
二番目に好きな相手と浮気している場合ではないはずだ。
きっと自分の考えられる限りで、最高の一日を生きるだろう。
一番好きな人と、一番好きなことをしているはずだ。
それをどうして毎日やらないのだろうか。

現実に、明日の朝、目を覚まさない人はたくさんいるし、あなたがそのうちの一人にならないと思い込むのは傲慢《ごうまん》というものだ。
私は大学時代に高重量で筋トレをし過ぎたために不整脈が激しくなり、検査入院したことがある。

足の付け根から心臓カテーテルを入れられ、心拍数200を超える状態でさまざまな検査をされ続けた。

二週間後、ペースメーカーを埋め込む必要はないものの、激しい運動は避けるように医師から言われた。

私が入院していたのは心臓外科だったから、同じ部屋には重い心臓病の患者さんもいた。

亡くなった患者さんもいた。

約二週間の検査入院だったが、この間に私はボストンバッグ一杯の本を持ち込んで貪《むさぼ》り読んだ。

そして私はこの時に一日を一生と考えて生きると決めた。

一日一生と考えると、自分が嫌いな相手と同じ空間で過ごすことはもちろんのこと、嫌な仕事や惰性の習慣に時間を使うことも苦痛に感じるようになる。

そしていい加減な生き方をしたくない、と強く思う。

どうせ死ぬのだから同じだと考えるのではなく、**どうせ死ぬのならちゃんと生きようと考えるようになる。**

生きることは死ぬことであり、死ぬことは生きることであると気づかされる。

2007年10月に私が出版デビューしてから、十年あまり。現在もこうして本を出せているのは、あの時からいつでも一日が一生だと考えて生きてきたからだ。

この本が、あの時の私のように、あなたの人生を変えるきっかけになったら嬉しく思う。本には、その力があると私は信じている。

2018年6月吉日　南青山の書斎から　千田琢哉

自分の時間が3倍になる
人生を変える時間術　目次

第1章
自分を変える「時間術」

第2章

仕事を変える「時間術」

第3章 勉強を変える「時間術」

第4章

人脈を変える「時間術」

第5章 恋愛を変える「時間術」

第6章 お金を変える「時間術」

第1章

自分を変える「時間術」

02

周囲の人間ではなく、社外のスターを目標にする。

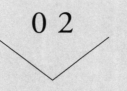

もしあなたが本気で人生を変えたければ、目標にするのは周囲の人間ではなく、社外のスターにすることだ。

理由はハッキリしている。

あなたの周囲にいる人たちは、所詮《しょせん》あなたと同レベルだからである。

同じ学校や同じ会社にいる仲間ということは、もともと似たようなレベルという証拠である。

つまり、どれだけ参考にしたところで〝人生のステージ〟が変わるわけではないのだ。

三流の世界なら三流の上位層まで成長するだけで、所詮三流のままだ。二流との壁は分厚く、その溝は埋め難い。永遠に二流にはなれない。

二流の世界なら二流の上位層まで成長するだけで、所詮二流のままだ。一流との壁は分厚く、その溝は埋め難い。永遠に一流にはなれない。

もちろん自分のいる世界でトップの人間から学ぶのはいいことだが、それだけでは社内で通用するだけで、世間で一流として見てもらえるようにはなれないということなのだ。

私は新入社員の頃から必ず社外にも目を向けて、永遠に敵《かな》わないような社外にいるスターの情報をかき集め、その人の仕事ぶりをとことん観察したものだ。

そこで圧倒的な違いを見せつけられたのが、まさに「時間術」だった。スターたちは膨大な仕事をこなしているのに、とても優雅に生きているように見えた。

サラリーマンたちは安月給でせかせかしていつも忙しくしているが、スターたちは桁違いの年収で、いつもゆったりと仕事をしていた。

すべての人が等しく24時間与えられているというのに、スターと一般サラリーマンとは、流れる時間がまるで違っていたのだ。

ここで大切なことは、まずこの事実にあなたが打ちのめされて、正面から受容することである。

そもそも小手先のテクニックではなく、大分類として、自分の立場を理解することから始まるのだ。

忙しいということは時間の使い方が間違っているということであり、貧しい状態なのだ。

ゆったりとした時間を過ごしているということは、自然の摂理に則《のっと》った時間の過ごし方をしているということであり、豊かな状態なのだ。

豊かな状態になる具体的な時間術は、これから惜しみなく披露していこう。

03

35歳から収穫したければ、20代は種を蒔《ま》く時間にする。

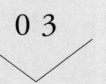

社会人になってさまざまなサンプルを研究していた私は、著名な成功者には二通りいることに気づいた。

サラリーマンを経験せずいきなり独立する人と、サラリーマンを経験してから独立する人だ。

前者は20代で世に知られ、後者は30代半ばで世に知られていた。

さらに分析していくと、前者は敬意やマナーの基礎がなく、途中で干されてしまうことが多いのに対して、後者は周囲から応援され、長期的な成功者になっていることが多かった。

あるいは、前者は後者よりも天才肌が多く、凡人には到底真似できないタイプも目立った。

私は長期的な成功者に憧れており、また生来不器用な自分が天才とも思えなかったので、迷わず後者の成功者になろうと考えていた。

後者を選択して成功するためには、絶対に欠かせない必要条件があった。

「20代は種を蒔きまくる」ということだ。

若いうちこそ寸暇《すんか》を惜しんで種を蒔きまくらなければ、凡人は凡人のまま人生が終わってしまう。

後者の成功者の場合は、その多くが35歳前後にブレイクして収穫に入るのだが、厳密には30歳を前にして頭角を現し始める。20代で種を蒔き続けてきた結果、20代後半からチラホラと花が咲き始めている状態になるのだ。

私の場合もそうだったし、周囲で現在成功している人たちの顔ぶれを見ていても、20代後半から軌道に乗っていた。

私の場合は、当時の組織で最短出世メンバーの一人として社内報で取り上げられ、あっという間に某業界のトップコンサルタントとして、念願だった著書を出版するポジションにまで漕ぎ着けた。

もともと「本を出しやすそうだから」という理由で選んだコンサルタント業界だったから、計画がうまくいったというわけだ。

20代でたくさん種蒔きをしてきたから、一度出版に漕ぎ着けられれば、あとはマグマが噴出するように本を書き続けられる確信はあった。

現実にその通りになった。

現在成功している元同僚だったメンバーたちも、20代の頃の種蒔きは半端ではなかった。

本当によく本を読んで勉強していたし、貪欲《どんよく》に成功者たちの話を傾聴《けいちょう》し、参考になったことはすぐに行動に移していた。

日常の仕事も、会社から与えられたノルマを遥かに凌《しの》ぐ仕事をこなしていたものだ。

普通は会社のノルマを達成するのに疲労困憊《こんぱい》してしまうだろうが、将来の成功者たちは会社のノルマ如きを達成したところで何も喜びを感じない。筋トレ同様に自分でさらに負荷をかけて仕事をこなし、そのうえで勉強し、種を蒔く時間をとるのだ。

20代はとっくに過ぎたという30代や40代の人でも、今から種を蒔けばいい。基礎のある人が蒔いた種は、10年後の収穫がかなり大きくなるはずだ。

04

丁寧に、速く。

「どうしたら千田さんのようにいつも余裕を持って仕事をできるようになりますか？」

本書は、そのような声から生まれた。

これまで私と二度以上仕事をした相手から、例外なく言われたことが二つある。

一つは、仕事が速いこと。

これは誰でもわかりやすい。

明日までと約束したら即日、来週までと約束したら翌日、来月までと約束したら来週までには任務を遂行するからだ。

もう一つは、仕事が丁寧であることだ。

たとえば現在の執筆の仕事では、指定された行数や文字数を死守するのはもちろん、頼まれてもいないのにキリのいい文字で改行するのが毎回の習慣になっている。

意識してやっているわけではなく、私にとってはもはや呼吸レベルの話だ。

新入社員の頃から、自分の仕事はできるだけ丁寧に仕上げることを心がけてきたからだ。

大学時代に1万冊以上の本を読んできた結果、できる人たちは〝丁寧に、速く〟仕事を仕上げている、ということを予習させてもらった。

そして、できる人たちの思考回路を自分自身に徹底的にインストールしてきた。

丁寧に速く仕事をするコツは呆れるほどに簡単だ。

「型」を素直に、しっかりと習得することなのだ。

英語で言えば、「This is a pen.」の単語や文法を丁寧にじっくり味わうことだ。

その上で、次はスピードを意識していくのだ。

「これはペンです。」という日本語を聞いてから、「This is a pen.」という英文が出てくるのに最初は数秒かかったのが、最終的にはゼロ秒で同時英訳できるようにする。これが呼吸するようにできて初めて、応用が生まれる。

ここ最近「型」から逃げてスピードだけを追いかける人々が増えているが、残念ながらそれでは仮に成功したとしても、ごく短期間で終わってしまうだろう。

長期的な成功者たちは、初歩や基礎である「型」を、驚くほど大切にしているものだ。

「型」が刷り込まれた状態でスピードアップしなければ、必ず途中で行き詰まる。

換言すれば、丁寧かつ速いということは、「型」が習得できている証拠なのだ。

世の中には「雑でダラダラやるアマチュアの仕事」と「丁寧で速いプロフェッショナルの仕事」しか存在しない。

プロの仕事に型は必須なのだ。

05

「型」を徹底的に習得する。

ここ最近、新入社員でこんなことを口にする人が増えている。

「私のやり方でやらせてください」

「そんなことをやるために、この会社に入ったのではありません」

先輩社員が仕事の初歩である「型」を教えようとしても、いきなり個性を発揮しようとしてしまうのだ。

だが「型」を習得せずに個性を発揮しようとしても、それは無理というものだ。

「型」を習得せずに発揮した個性は、単に無知蒙昧《むちもうまい》な素人の独りよがりに過ぎない。

周囲のプロから見たら危なっかしく見えて仕事を任せられないし、お客様からも違和感を抱かれてクレームに繋がることになる。

どんな業種業界でも、「型」には、先人の経験と知恵がすべて詰まっている。

先人の知恵を集結してあるからこそ、独学でゼロから習得するより何倍も、何十倍も、時間も苦労もカットしてくれるのだ。

入社後何年か経って伸び悩んで落ちていく人たちは、最初に「型」を習得することから逃げた人たちだ。

〝急がば回れ〟という諺《ことわざ》にある通り、知識ゼロの時にきっちりと「型」を習得しなかったから、途中で伸び悩んでしまったのだ。

もちろん「型」を習得したら、いつまでもそれにしがみついて満足していてはいけない。

「型」を十分に習得したら、自分の個性を発揮していく段階だ。

「型」を習得した上での個性なら社内でも認められるし、お客様からも必ず評価されるはずだ。

私は2社でサラリーマン経験を積んだが、それぞれの会社ではまず「型」の習得に命をかけた。

先輩の言うことには絶対服従で、口癖やスーツやネクタイの色までそっくり真似をして貪欲に「型」を吸収したものだ。

先輩宛にかかってきた電話に出たら相手に先輩と間違えられて、そのまま話し続けられたことも一度や二度ではなかった。それだけ先輩の「型」をしっかりと身につけたのだ。

ただし一度「型」を習得してからは、「型」から離れるように努めた。

正確には**「型」を重んじながらも、その「型」の上で自由に踊ろうと考えた。**

これが、将来猛烈なスピードで仕事を終わらせられるようになる秘訣なのだ。

現在の文筆業に専念するようになってからも、その時に学んださまざまな「型」が、私を支えてくれている。

06

マイペースとは、ダラダラ生きることではない。

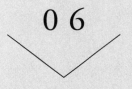

仕事ができない人の口癖に「自分はマイペースだから……」というのがある。

ところがこの「仕事ができない人のマイペース」というのをよく観察していると、こんな事実に気づかされる。

単にダラダラ生きているだけなのだ。

あるいは単に無能で、スローモーションでしか生きられないのだ。

私は、「マイペース」という言葉で自分の無能さをごまかすべきではないと思う。

なぜなら、「仕事ができる人のマイペース」は、例外なく猛烈にハイペースだからだ。

人は、その人なりの「マイペースの基準」で、年収や社会的地位が決まっているのだ。

私は、一緒に仕事をする人たちのマイペースをチェックするのが好きだ。

趣味というわけではないが、無意識のうちにチェックしている。

本書の読者だけに、こっそりとありのままの事実を公開しよう。

大手の会社の役職者と仕事をすると、彼らのマイペースは私の5分の1程度だから、年収も5分の1くらいなのだろうとわかる。

中堅の会社の係長級と仕事をすると、彼らのマイペースは私の10分の1程度だから、年収も10分の1くらいなのだろうとわかる。

零細の会社の平社員と仕事をすると、彼らのマイペースは私の20分の1程度だから、年収も20分の1くらいなのだろうと察しがつく。

年収を上げたければ、マイペースのスピードをアップさせることだ。

地位を上げたければ、マイペースのスピードをアップさせることだ。

私も20代の頃は、とにかくマイペースのスピードをアップさせることを考えた。

出張精算などの雑用は、マイペースのスピードを磨くための最高の訓練になった。

幸い私の場合は新入社員の頃から経営者相手のビジネスをさせてもらえ

たから、自然とマイペースのスピードをアップさせることができた。

転職先のコンサルタント会社では、極限までスピードを上げて効率よく稼ぐ必要があったから、ますますマイペースのスピードに磨きをかけることができた。

独立後に出版業界で働き始めた際には、スローモーション過ぎて驚いた。まるで高速道路から下の道に降りる際に、スピードを出し過ぎていたのにハッと気づいて、慌てて急ブレーキをかけなければならないような感覚だった。

試しにあなたも締め切りを自分で大幅に前倒しして仕上げることを習慣にしてみてほしい。景色が違って見えることに気づくはずだ。

07

細切れ時間でやることを決めておく。

「時間術」に関する本を読んでいると、細切れ時間の重要性を強調しているものが多い。

とりわけ暗記が必要な資格試験には、確かにこれは有効だ。

そして日々仕事するビジネスパーソンも、同じように細切れ時間をどのように使うのかは、非常に重要になってくる。

細切れ時間を有効活用するうえで大切なことは、あいた時間で何をするのかを予《あらかじ》め決めておくということだ。

たとえば私は細切れ時間ができたら「出張精算をする」と決めていた。

サラリーマンであればわかるが、出張精算が遅い社員は経理部から嫌われる。

経理部から嫌われると必ずそれが上司の耳に入るから、「だらしないヤツだ」と烙印《らくいん》を押されて社内の評価が下がってしまう。

反対に経理部から好かれておけば、社内に応援してくれる人が増えて、働きやすい環境になるというわけだ。

私は2社でサラリーマンの経験をしたが、いずれも経理部からのウケは抜群だったと自負《じふ》している。

出張精算がない場合には、お世話になった人にお礼のハガキを書くと決めていた。

こちらの住所と名前を記載しておいたハガキを常時20枚持ち歩いていたから、出張先でもペンさえあれば、いつでも書くことができたのだ。

名刺交換した相手には100％お礼ハガキを出していたから、年間で約1000枚、十年でおよそ1万枚以上のハガキを出してきたことになる。

結果として、これらが直接的にも間接的にもビジネスに繋がったのは言うまでもない。

とはいっても、あなたも細切れ時間に出張精算をしたり、お礼ハガキを書いたりしなければならないというわけではない。

自分なりの細切れ時間の使い方を考えればいい。

私がオススメしたいのは、細切れ時間ができてから何をするか考えるのではなく、細切れ時間ができる前から何をするか考えておくという姿勢だ。

もちろん1回の細切れ時間にできることなど知れている。

しかし、**細切れ時間の蓄積が100回や1000回になると、金融商品の「複利」のように時間の貯金ができてくるのだ。**

「1分あったらこれをする」「5分あったらこれをする」と決めておくのだ。

もし何も思い浮かばなければ、とりあえず細切れ時間専用の本を持ち歩けばいい。

細切れ時間に本を読めば、それだけで一年間に数冊の本を読破できるはずだ。

08

まとまった時間を確保できない人は、成功しない。

細切れ時間の大切さはすでに述べた通りだが、ここでさらなる真実を述べよう。

それは、いくら細切れ時間を駆使しても、できることは限られているということだ。

やはり大きなことを成し遂げたければ、まとまった時間を確保しなければならない。

まとまった時間を確保できない人は、永遠に成功できないのだ。

たとえば私がそうしてきたように、細切れ時間にいくら出張精算をしたりお礼のハガキを書き続けたりしたとしても、肝心の実力がお粗末であればすべては水泡《すいほう》に帰《き》すのだ。

どうして私の細切れ時間の蓄積が花を咲かせたか。

それは、私が同時にまとまった時間も確保していたからだ。

まとまった時間が「主」であり、細切れ時間は「従」なのだ。

これは、学生でも社会人でも同じように大切なことだ。

「学校に通っているからそんなの無理です」

「会社勤めの人間には無理です」

という言い訳は成立しない。まとまった時間を確保する重要性は、学校に行かなければならない重要性や会社に行く重要性よりも遥かに高い。

本気で人生を変えたければ、まとまった時間を確保するために学校や会社を休んだり、いっそのこと辞めたりする覚悟を持つ必要がある。

多くの成功者たちが学校を中退したり脱サラを経験していたりするのは、大きなことをやるためにはまとまった時間が必要だと知っていたからだ。

私も学校や会社はよく休んだし、転職も脱サラも経験した。

それらはすべてまとまった時間を確保するためだった。

ハッキリ言って細切れ時間をいくら駆使しても、ドカンとまとまった時間を確保できる人にはかなわない。

もともと不器用な私が今の執筆の仕事を軌道に乗せることができた理由は、まとまった時間を確保してきたからだ。

執筆の妨げになる仕事や環境は、常軌《じょうき》を逸《いっ》するほど徹底的に排除してきた。

はじめに、まとまった時間ありきなのだ。

まとまった時間さえあれば、人生はどうにでもなる。

逆に、まとまった時間をとって、自分の特性をよく研究した上で、自分の全力を投入すれば、成功しないほうが難しい。

細切れ時間でせこい努力をしているだけでは、せこい人生で幕を閉じてしまう。

人生を変えるには、本気で自分のためだけの時間をつくらなければならないのだ。

09

やりたい順が、優先順位だ。

仕事の優先順位を説く人は多い。

優先順位をつけることが大切なのはよくわかる。

しかし、肝心な「ではどんな優先順位にすればいいのか？」については、個人の判断に委《ゆだ》ねられてしまう。

私がコンサルタント時代にクライアント先の従業員からよく相談されたのが、「どんな仕事を優先的に片付ければいいのか」ということだった。

簡単だ。

やりたい順からやればいいのだ。

〝やりたい順〟には、「好き嫌い」のやりたい順もあるだろうが、「善悪」のやりたい順もあるはずだ。

好き嫌いのやりたい順は、もちろん好きなものからやればいい。

これは誰でもすぐに理解できる。

善悪のやりたい順は、仕事を進めるうえでスムーズになるよう、やっておいたほうがいいものからやるということだ。

「これを先に片付けておけばあとがラクになる」

「これを先にやっておかなければ上司がうるさい」

そういうものが、善悪のやりたい順だ。

私の場合は、就業時間内に仕事の優先順位を考えても、善悪のやりたい順は選択肢に含まれていなかった。

なぜなら善悪のやりたい順に含まれる仕事は、始業時間までにすべて完璧に終わらせていたからだ。

やることがなくなって始業時間がきたら帰ってしまうこともあったくらいだ。

善悪のやりたい順の仕事は始業時間までにさっさとすませて、始業時間からは好き嫌いのやりたい順の仕事だけを貪るようにやればいい。

大好きな仕事だけを貪るようにやっていると、必然的に仕事のスピードは速くなる。

仕事ができる人たちは、こうして仕事のスピードが速くなっていくのだ。

そして、もちろんこれはプライベートでも同じことだ。

プライベートでは迷うことなく一番好きなことからやればいい。

もし突然、巨大な隕石が落ちてきて地球が滅亡したとしても、自分が一番好きなことをやっている最中であれば、悔いなく天国に行けるはずだ。

第2章

仕事を変える「時間術」

10

仕事ができるということは、サボることができるということだ。

あなたがこれまでに出逢った人たちの中で、一番仕事ができた人を思い浮かべてもらいたい。

その人はいつも暇そうにしていなかっただろうか。

暇そうという言葉に語弊《ごへい》があるのなら、ゆとりがあると言い換えてもいい。

仕事ができていつもゆとりがあるなら、その人は本物だ。

いつも忙しそうにピリピリしているけれども仕事ができる、という人は、偽物だから近づかないほうがいい。

本当に仕事ができるということは、ゆとりがあってサボることができるということなのだ。

これは私自身の会社勤めをした経験と、コンサルタント時代の取引先の組織をじっくり見てきて断言できることだ。

仕事とは、手の抜きどころを素早く見つけて、いかに少ない労力で仕上げられるかが勝負なのだ。

こう書くと必ず「私はそんないい加減な仕事のやり方は、絶対にしたくありません！」と顔を真っ赤にしながら反論する優等生が登場する。

サボるくらいにゆとりを持って仕事をしていることと、いい加減に仕事をしていることは、まったく違う。

それどころか、むしろ対極の関係だ。

サボるくらいゆとりがあるからこそ、仕上げた仕事の最終チェックができる。

サボるくらいゆとりがあるからこそ、周囲を思い遣ることができる。

サボるくらいゆとりがあるからこそ、未来の種蒔きができる。

サボるくらいゆとりがあるからこそ、いいアイデアが思い浮かぶ。

サボるくらいゆとりがあるからこそ、マナーを忘れないでいられる。

サボるくらいにゆとりがあるという状態は、実はプロとして必要不可欠な状態なのだ。

もしあなたが本気で仕事ができるようになりたければ、知る限りで一番仕事ができる人の仕事ぶりを観察して、「どこで手を抜いているのか」をしっかり観察することだ。

「どこで力を入れるか」よりも、「どこで手を抜くか」を観察するほうが、成長に直結する。

私は社内外で仕事のできる人を見つけては、いつも手の抜きどころを観察して真似し、習慣化することに成功した。

その結果、今、ここにいる。

11

ゆとりがないと、チャンスを逃す。

「いつもチャンスを逃してしまいます。チャンスのつかみ方を教えてください」

そんな質問が届いた。

この人は、自分がチャンスを逃しているという事実に気づいているだけ、極めて優秀だ。

普通は自分がチャンスを逃している事実にすら気づかず、「自分は運が悪い」と間違った方向に悩んでいることが多いからだ。

「自分は運が悪い」と考えた人は、財布を変えたり住む場所を変えてみたりするが、実際効果はない。

なぜなら、チャンスを逃すのは運が悪いからではなく、忙しすぎるからだということに気づいていないからだ。

チャンスは、忙しい人のところには訪れないのだ。

正確には、チャンスが訪れかけたとしても、忙しそうにしていると、「忙しそうだからまた今度にするね」と相手に気を遣わせて、別の人のところにチャンスを持って行かれてしまうのだ。

今だから正直に告白するが、私はサラリーマン時代にほとんどのチャンスを独占させてもらったと感謝している。

その理由は、いつもゆとりがあって暇そうにしていたからだ。

いつもゆとりがあって暇そうだと、上司は私に仕事を頼みやすい。

上司に頼まれた仕事は、チャンスなのだ。

周囲の同僚は、忙しいから上司に仕事を振られないように、あえて忙しく振る舞っていたものだが、数年後には私の部下になって、私に仕事を振られる立場になっていた。


現在の執筆の仕事では、同業の人から悩み相談を受けることもある。

「どうしたら千田さんみたいに毎月本を出せるようになるのですか？」

ややキレ気味にそう聞かれるのだが、大した理由はない。私がいつも暇だからだ。

私と二度以上仕事をしたことがある編集者であれば、私に「最近お忙しいですか?」とは絶対に聞かない。

なぜなら私が年中暇なことを、彼らはよく知っているからだ。

彼らは私の書斎にやってくるとつい長居してしまい、慌てて帰っていく。

私よりも彼らのほうが忙しいのだ。

私がいつも暇だということを彼らが熟知しているからこそ、彼らはせっせと企画という名の新しいチャンスを私に運んでくれる。

チャンスはゆとりがある場所に一極集中するのだ。

12

一つの用事で動かない。

仕事ができるということは、手の抜きどころを知っているということだとすでに述べた。

そこに、どんなに最低でも「一石二鳥」を狙うことを付け加えておこう。

たとえばコンビニに弁当を買いに行ったとする。

オフィスに戻ってきてお茶を買い忘れたと気づいて、またコンビニに行く。

再びオフィスに戻ってきたらボールペンのインクが切れていることを思い出して、またまたコンビニに行く。

それなら最初から弁当もお茶もボールペンもまとめて買っておくべきだと、他人事ならよくわかるだろう。

ところが、仕事でこれと同じことをやらかしている人が本当に多い。

わざと忙しく見せるために3回も同じ事をしているのかと疑ってしまうのだが、どうやらそうではないらしい。

真面目に三往復して「今日も忙しい。また残業だ」と夜遅くまで働いているのだ。

最初のうちはすべての行動の前に、「まとめてできることはないか？」「ついでにできることは何かないか？」を、たった数秒考える癖をつければいい。

そのうち必ず「一石二鳥」を実現できるようになる。

もしどうしても見つけられなければ、周囲に声をかけて「二鳥」を創り出せばいい。

たとえば外回りの際に、「これから外に出ますがポストに投函するものはありますか？」と声をかけてみよう。

次第に、一つの用事で動くのはムダだと思うようになる。

次第に「一石二鳥」どころか「一石三鳥」や「一石四鳥」も珍しいことではなくなる。

そうすると、**あなたは他人の半分の時間で他人の何倍も仕事がこなせるようになっていくのだ。**

現在の執筆の仕事でも、私はすべてを極限まで効率化して、無駄なことを排除し続けている。

だから出版社とのやり取りはいつも必要最小限だ。

初期の頃と比べたら半分未満の時間で倍以上の仕事がこなせるようになった。

もちろんそれでミスが多発すれば問題だが、現実にはそうなっていない。効率化すればするほど、ミスも減少していくのだ。

あなたも、今この瞬間から、何か行動する際には数秒間だけ「ついでにできることは？」と自分に問いかけてみよう。

次第に自分の仕事のスピードが上がっていくのが実感できるはずだ。

13

趣味を仕事にすれば、労働時間はゼロになる。

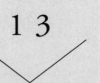

私は、この世で最高の成功者は、趣味を仕事にした人だと考えている。

「趣味は趣味だから楽しいんであって、趣味を仕事にしたら大変だよ」

10代の頃は、成功者たちが満面の笑みでそう答えているシーンをテレビでよく見かけた。

が、まもなくそれらはすべて嘘であり、下剋上《げこくじょう》に遭わないための嫉妬対策だと気づかされた。

苦労に苦労を重ねた地道な仕事よりも、傍《はた》から見れば遊びだと思えるような仕事におけるプロのほうが、桁違いに稼げるようになっていたのだ。

たとえば映画監督やスポーツ選手は好きを仕事にした人の代名詞だが、それらがなければ人が生きていけないわけではない。

ところが一度成功者になれば、サラリーマンの生涯賃金を毎年のように稼ぎ続けることができる。

現在の私の執筆の仕事は、本来は稼ぎにくいことで有名な業界だ。

純粋に印税収入だけで考えれば、平均年収は明らかに300万円に満たないだろう。

ところがそれは平均レベルの年収であって、各ジャンルでトップレベルの著者になると話は別だ。

間違いなくプロスポーツ選手に劣らないくらいに稼いでいる。

昔はプロ野球のスタメン選手の年棒を聞くと「どこの世界の話だ?」と他人事のように流していたが、実際に自分がそのレベルに達すると、しみじみと幸せを実感する。

もちろんその幸せは、プロ野球選手と年棒が並んだことではなく、自分の好きなことを仕事にできた幸せである。

趣味を仕事にすれば、労働時間はゼロになるのだ。

現在の私は、執筆依頼があると「仕事が増えた」とは微塵《みじん》も思わない。

子どもがご褒美にプレゼントをもらって、「やったー!」と喜んでいるのとまったく同じ感情が心の底から湧き上がってくる。

翻《ひるがえ》って、あなたはどうだろうか。

人生で大切なことは、自分自身がどう生きるかである。

「趣味を仕事にしたら大変になる」というのは真っ赤な嘘だ。

正確には、いくら好きでも下手の横好きのままでは食べていけないというだけだ。

趣味をプロレベルにすれば、そこには最高の人生が待っているのだ。

14

礼儀を身につければ、スピードアップする。

仕事をスピードアップさせたければ、礼儀を身につけることだ。

若くしてベンチャー企業を興《おこ》した社長で長期的な成功をしている人たちは、例外なくマナーがいい。

礼儀とスピードにどんな関係があるのかは、一見わかりにくいが、実は、**礼儀正しいと仕事で関わる人たちから応援されやすくなるために、スピードアップできるのだ。**

その結果として、若くして成功するのだ。

マナーが悪いと仕事で関わる人たちを敵にまわしやすくなるため、スピードが落ちるのだ。

その結果として、なかなか若くして成功することができないし、ときとして失敗を招くことすらある。

そのくらい礼儀は大切なのだ。

ベンチャー企業の社長のなかには、サラリーマン経験がないままに起業した人も多いから、無意識に横柄な態度になってしまう人もいる。

ところが、ビジネスの相手は生粋《きっすい》のサラリーマンであり、マナー社会で生きている人間だから、横柄な態度では嫌われてしまうのだ。

仮に取引が始まったとしても、あの手この手で陰湿《いんしつ》な嫌がらせを受けることになる。

陰湿な嫌がらせは、空気のように「目に見えない完全犯罪」として行われる。だから、何が原因で仕事が滞《とどこお》っているのかは永遠にわからない。

場合によっては、普通なら見逃してもらえるような失敗でも、必要以上に厳しく罰せられ、世間から激しいバッシングを受けてしまい、ムダに時間を奪われることもある。

こうした負のスパイラルを断ち切りたければ、マナーを習得し、礼儀を尽くすしかない。

礼儀正しくしていれば、少なくとも話を聴いてくれる人が増える。

話を聴いてくれる人が増えれば、ビジネスに繋がる確率が増える。

ビジネスに繋がる確率が増えれば、リピーターが増える。

リピーターとは、自分の応援団と同じことだ。

応援団が増えれば、直接的にも間接的にも贔屓《ひいき》してもらえる。贔屓してもらえるということは、それだけ仕事がスムーズに進んでスピードアップできるというわけだ。

礼儀正しくすることが、スピードアップへの早道なのだ。

15

仕事を断るのに、理由は要らない。

仕事を確実にスピードアップさせたければ、断ることが必要だ。きた仕事すべてを受けていては、大切な仕事に時間が割けなくなる。

しかし、多くの人は断ることが下手だ。

断る際には、いちいち理由を述べてはいけないのだ。

いちいち理由を述べると、相手が「そこを何とか」と食い下がってくる隙《すき》を与えてしまうのだ。

私は仕事を断る際には理由を一切述べない。

メール拝受致しました。

今回はお断りさせてくださいませ。

お声かけありがとうございました。

どんな長文メールが届いても、この三行で終了だ。

「理由は何ですか?」「そこを何とか」と食い下がってくる相手には、即受信拒否を設定する。

だから二度と連絡はとらないし、時間を奪われることもない。

もう相手はこの世に存在しないのと同じだからだ。

現在の私のメールの受信拒否設定のメルアド数は膨大な数に上る。

このリストの数が増えるにつれて、無駄な時間が減り、自分のための時間が増えている。

その他のやりとりも、交渉はせず、決定事項だけを相手に報告してもらう。

そもそも交渉するということは、相手と対等だということだ。

私は対等の関係が大嫌いだ。

「ビジネスは対等の関係です！」というのは綺麗事に過ぎず、決して現実的ではないと私は考えている。

長続きするビジネスは、必ず上下関係がハッキリしているものだ。

上下関係がハッキリしているというのは、実はわかりやすく仕事が進められるということなのだ。

「人はみな平等だ」という思想が正しいとされる風潮にあるが、現実にはそんなことはないと私は思う。

少なくとも、ビジネスにおいて、完全な平等では仕事は成立しない。

自分が主導権を握ってテキパキと仕事を進めたければ、断るのに理由を述べて、相手の土俵まで降りてはいけないのだ。

16

残業する
くらいなら、
家で仕事をする。

ここ最近は、残業するのが当たり前という風潮がかなり薄れてきたようだ。

現在取引している出版社の社員を見ていてもそうだし、私が新卒で入社した保険業界やコンサルタント業界でも、昔のような無茶な残業はなくなったと聞く。

素晴らしい流れだと思う。

私は昔から残業が大嫌いで、遅刻するのと同じくらい罪だと考えていた。どうして朝の遅刻は罰せられるのに、終業時間までに終わらせることができなかった「残業という名の遅刻」は賞金がもらえるのか、不思議でならなかった。

終業時間というのは「締め切り」と同じはずだ。

仕事には毎日締め切りがあり、その締め切りに間に合わなければプロとして失格だ。

社員が残業すると光熱費もかかるから、会社としては残業代を払うどころか本当は罰金をとりたいくらいのはずなのだ。

あなたも、どうしても終業時間までに仕事が終わらなければ、持ち帰って家で仕事をするといい。

あるいは、翌朝いつもより早めに出社して仕事をするといい。

というのも、残業は、時間の割に成果が上がらないのだ。

残業で3時間かけてやる仕事は、早朝の30分でやる仕事よりもたいてい劣っている。

より厳密には、3時間残業をしていても、実際には1時間も集中していないことが多い。

デスクの前でぼんやりネットサーフィンしていたり、喫煙室で喋っていたりするだけで、なんとなく寂しくてオフィスに残っているという人が多いのだ。

ところがよく考えてもらいたい。

残業が慢性的になったら、膨大な時間をドブに捨てていることになる。

仮に毎日3時間の残業を続けたとしよう。

一週間で15時間、一カ月で60時間、一年で720時間、四十年間で2万8800時間だ。

これは1200日、つまり**まるごと三年以上の寿命を捨てたのと同じなのだ。**

三年以上の寿命を犠牲にしたにもかかわらず、「残業時間が多すぎる!」と勤務評価を下げられたら、寿命をドブに捨てただけでなく、ドブの水が顔に跳ね返ったようなものだ。

まさに踏んだり蹴ったりとはこのことだ。

もし残業することになったら、会社ではなく家で仕事をしよう。

家に仕事を持ち込みたくなければ、何が何でも終業時間までに仕事を終わらせればいいのだ。

先に残業という選択肢をなくせば、仕事は確実にスピードアップする。

17

出世すれば、嫌いな仕事を丸投げできる。

仕事時間の中で自分の時間を増やしたければ、一番手っ取り早いのはさっさと出世することだ。

これが、自由を獲得するための王道であり、最短コースなのだ。

あなたが今サラリーマンなら、早く部下を持てる役職まで出世することだ。

あなたがフリーランサーなら、早く業界で名を知られる存在になるまで出世することだ。

あなたが起業家なら、早く競合他社から一目置かれる存在になるまで自社を成長させることだ。

なぜなら、出世すると、嫌いな仕事を人に丸投げできるようになるからだ。

嫌いな仕事を人に丸投げできるということは、それだけ自分の時間が生まれるということであり、自分の時間の中で大好きな仕事にだけ没頭できるようになるのだ。

私がサラリーマン時代に出世を経験して一番驚いたのは、自分の時間が一気に増えたことだった。

時間が増えただけではなく、ついでに給料も増えた。

給料が増えるとゆとりが生まれて心が大きくなるし、たっぷりある自分の時間で思索《しさく》に耽《ふけ》ることができる。

ここから何が言えるか。

仕事は、出世しなければ楽しめないようになっているということだ。

よく「出世したくない」「今のままでいい」と口にする若いサラリーマンがいるが、それは出世したことがないから言っているに過ぎない。

あるいは、自分が出世できそうもなく、平社員人生で幕を閉じそうだから、必死で予防線を張っているのだ。

サラリーマンに限らず、出世は絶対にしたほうがいいし、仕事は「実力」ではなく「役職」でするものだ、ということも知っておくべきだ。

私は独立してからフリーランサーとして成果を出してきたと思うが、成果を出すたびに自由時間が増えて、経済的にも豊かになった。

嫌いな仕事や面倒な仕事は躊躇《ちゅうちょ》することなく相手に丸投げできるし、疑問に思うことがあればすぐに相手に来てもらって確認することも可能だ。

こう書くと随分偉そうに思われるかもしれないが、現実にはそうではない。

私が仕事を人に投げると、仕事を発注された相手は喜ぶ。

出世したり、成果を出して名を上げると、仕事を選ぶことができ、結果的に人のためにもなるのだ。

第3章

勉強を変える「時間術」

18

勉強は娯楽だ。

「一日何時間勉強すれば合格できますか？」

勉強と聞くと脊髄《せきずい》反射でそんな質問をしてくる人がいる。

でも、勉強は何時間やるかよりも、まず娯楽《ごらく》であることに気づくことが大切だ。

勉強というのはしなければならない義務ではなく、楽しむための娯楽であり、贅沢《ぜいたく》なのだ。

大昔はパソコンやスマホがなかったから、子どもも大人も退屈した時には何か遊びを考えなければならなかった。

ただ子どもがやるような鬼ごっこやかくれんぼでは、さすがに大人は満足できない。

そこで、生涯かけても飽きることのない遊びを考える必要があった。それが哲学や音楽や文学やスポーツなのだ。

哲学は宗教哲学・科学哲学・政治哲学・教育哲学・倫理哲学と、ありとあらゆる学問のベースになっている。

数学や物理は哲学の一部だ。

そう考えると、数学や物理はゲームに酷似《こくじ》していることに気づかされないだろうか。

たとえば数学の新しい公式を記憶するということは、ゲームで言えば新しいアイテムをゲットするのと同じだ。

あるいは数学の解法パターンを理解して記憶するということは、ゲームで言えばそのステージの攻略法を覚えるのと同じだ。

また、物理は帰納《きのう》と演繹《えんえき》を繰り返しながら発展していく学問だ。

これはお洒落好きの女性が、日常から好奇心旺盛にワクワクしながら情報収集し、美容室ならあの店、ネイルならあの店、中華ならあの店、イタリアンならあの店、とルール化し、さらに自分のセレクトに磨きをかけるために、日々仮説と検証を繰り返していくのと同じだ。

数学や物理に限らず、**あらゆる学問はこうした日常の暇潰《ひまつぶ》しから派生した娯楽なのだ。**

だから「ゲームばかりしていないで、勉強しなさい」という発言は間違っている。

「昔ながらの楽しみ方で遊んでみなさい」が正しい表現なのだ。

私は今、暇さえあれば勉強している。

執筆している時間以外は、たいてい勉強している。

つまり、暇さえあれば昔ながらの娯楽を楽しんでいる。

毎日が楽しいうえに、それがそのまま仕事に活かされるので、一石二鳥以上の成果を得ている。

19

初歩をマスターすることこそ、究極の時短。

コンサルタント時代に某大手学習塾の社長から、勉強時間が長いのに成果が出ない生徒たちの特徴を聞いたことがある。

たとえば毎日12時間以上勉強しても、何年浪人しても、成績が上がらない生徒には、ある共通点があるというのだ。

それは、小学生レベルの国語と算数が理解できていないということだ。

国語と算数はまるで対極の関係にある教科だと思う人がいるかもしれないが、これら二教科の根底はまったく同じで、すべて繋がっている。

国語も算数もロジックを学ぶ教科なのだ。

国語は言語表現を通して、算数は数字や記号を通して、どちらも「A＝B、B＝C、∴A＝C」をひたすらあの手この手で繰り返し伝え続けている教科なのだ。

小学生レベルの国語と算数が疎《おろそ》かなまま中学や高校に進学した生徒は、100％の確率でロジックの壁にぶつかる。

本質を理解できないまま表面だけを丸暗記しようとして、消化不良に陥るのだ。

だから勉強時間が長い割に報われない人たちは、そろいもそろって学習参考書をたくさん持っていることが多い。

なぜなら、どれだけやっても成績が上がらず、次々に新しい参考書を丸暗記してもザルで水をすくっている状態で、どんどん記憶から抜け落ちていくという負のスパイラルを繰り返しているからだ。

こうしてかろうじてザルに付着した水滴程度の学力のまま、「自分は頭が悪いから」と間違った方向に反省してしまう人も多い。

しかし、それは間違いだ。

努力しても勉強ができるようにならないのは、基礎の前の初歩から逃げたからだ。

小学生レベルの国語と算数さえマスターすれば、必ず勉強はできるようになる。

英語、数学、国語、理科、社会は、教科名は違っても、すべてにロジックが潜んでいる。それらロジックを探り当てなければ、いくら丸暗記しても学力は伸びない。

換言すれば、短時間で学力が向上する人は、ロジックを探り当てることができた人だ。

もちろんこれらは受験勉強に限った話ではない。

大学での学問や、社会人の資格試験でも、必ずベースにはロジックが潜んでいる。

そもそもロジックがないものは、学問や資格試験にはなり得ない。

勉強では「伸び悩んだら、初歩に戻れ」を合言葉にしておけば、ほぼ理解できないことはない。

これこそが、いちばんの時短勉強法なのだ。

20

標準問題が解けないのは、基礎問題が穴だらけだから。

受験勉強や資格試験では、問題の難易別に「難」「やや難」「標準」「易」とランク付けが公表されていることが多い。

ここで面白いのは、難易度ランクでは下から二つの「標準」と「易」だけを完璧に正解すれば、たいていの試験は最短期間で合格できるということだ。

どんなジャンルであってもテストは、最低点かどうかは関係ない。合格さえすれば、立派な合格者になれるのだ。

私もこれまでに高校受験、大学受験、業界内の資格試験と数々の試験を経験してきたが、「難」と「やや難」には目もくれなかった。

受験や資格はゴールではなく通過点に過ぎないのに、エネルギーを使い果たして伸び切ったゴムにだけはなりたくなかったのだ。

その代わり、「標準」と「易」だけは、条件反射で解けるまで反復訓練し続けたものだ。

大切なのは、「標準」が、いつでもどこでも瞬時に解ける力をつけるこ

とだ。

読者の中には私よりも遥かに受験や資格に詳しい人も多いと思うが、「標準」の幅はとても広い。

「やや難」に限りなく近い「標準」もあれば、「易」に限りなく近い「標準」もある。なめてかかると痛い目に遭う。

ちなみに東京大学の入試問題の過半数は、「標準」で構成されていると、受験の専門家は口をそろえる。

どうやら「標準」はどんな試験でも合否の決定打になり、キーになりそうだ。

ここで大切なのは、あなたがいつまでたっても「標準」が解けるようにならない場合の解決方法である。

その場合は、新しい問題集を買ってきて、より一層「標準」を解きまくるのではない。

勇気を持ってもう一度「易」に戻り、「易」が完璧になるまでとことん復習することだ。

私もよくやらかしたが、今さら「易」なんて恥ずかしいと思っていても、いざ復習してみるとポロポロとよく間違えるのだ。

自分では「易」レベルなら100点で当たり前と思い込んでいたのに、現実には80点も得点できずに赤面したものだ。

標準問題が解けない理由は、基礎問題が穴らだけだからだ。

まずは基礎問題でいつでもどこでも100点を獲得できるようにすることだ。

以上は、試験に限らず人生でぶつかる問題にもそのまま当てはまる。

21

模範解答のある勉強は、1冊完璧主義が強い。

勉強には大きく分けて二つある。

模範解答のある勉強と模範解答のない勉強だ。

前者は試験日で終了だが、後者は命が続く限り終わりはない。

ここでは前者の模範解答のある勉強に関して述べたいと思う。

模範解答のある勉強で大切なことは、あちこちの参考書や問題集に手を出し過ぎないということに尽きる。

人は不安になると浮気したくなるものだが、それは参考書や問題集の場合も同じらしい。

だいたい試験日までの時間は限られているのだから、何冊も完璧に仕上げるのは無理というものだ。

10冊をすべて1回ずつ通読するよりは、1冊を10回やり込んだほうが、合格する可能性は高い。

たとえば、人は興味のない無機質なものを黙々と暗記するのが苦手な生き物だ。

私の場合は、学生時代に英単語の暗記が大の苦手だった。

そこで私は「悪い頭がよくなることはもうない」と悟って、ガラリと発想を変えた。

当時大学受験に必要とされた英単語は約1800個だったが、その3分の1の「これをハズしたら、もうおしまい」とされた600個だけに絞って、これでもかというくらい反復したのだ。

生来怠け者の私でも、他人の3分の1ならできると思ったからだ。

そのうちに600個を毎日何度も復習できるようになり、遅くとも一単語0・2秒以内で、日本語に置き換えずに英語のまま意味を鮮明にイメージできるようになった。

この調子で英熟語も当時1000個必要とされていたが、そのうちの「これをハズしたら、もうおしまい」とされた300個だけに絞り、毎日反復して注釈まで憶えた。

不思議なことに、コアになる部分を完璧にしておくと、未知の問題にも

対応できるようになる。

結果として英語の成績は上昇して、大手予備校の記述式試験でも得点率70％を下回ることはなくなった。

この調子で他の科目も「これをハズしたら、もうおしまい」とされた問題だけに専念し、あとは過去問演習をしながらとにかく最低点を超えることだけを考えた。

不思議なことに、今でも受験勉強でやったことはかなり憶えている。

22

受験を決意したら、毎日1分間は過去問を眺める。

模範解答のある勉強で最短合格を目指したければ、受験を決意したその日から、過去問を毎日眺めておくことだ。

たとえゼロの状態でも毎日1分間は見ておくのだ。

そのうち必ず〝解けそうな問題〟が出てくるし、模範解答を読めば理解できるようになる。

換言すれば、いつまでたっても〝解けそうな問題〟が出てこなかったり、何度模範解答を読んでも理解できなかったりするということは、勉強の中身や方向性が間違っているということである。

実は、勉強の中身や方向性が間違っていることが、受験の最も大きな敗因なのだ。

最悪なのは、せっかくこれまで猛勉強してきたのに、過去問を直前になって力試しとして初めて解いてみるパターンだ。

偶然に偶然が重なって勉強の中身と方向性が過去問と一致していた場合を除けば、99％の人は合格最低点を大幅に下回って顔面蒼白《そうはく》になるに違いない。

過去問は力試しに解いてみるものではなく、日々の勉強の中身と方向性をチェックして、軌道修正するための最重要ツールなのだ。

原則として、過去問から同じ問題が出題されることなどないのだから、過去問はもったいぶらず、どんどん使い倒したほうがいい。

できれば、受験直前には過去問の解説が予備校講師のようにできるくらいにしておくと、申し分ない。

本番に類似問題が出題されることを期待するなら、それは過去問ではなく、模擬試験や予想問題集を解くことだ。

模擬試験や予想問題集は、過去問研究が終了してから取りかかると効果的だろう。

受験直前には過去問をチェックする人が多いが、それよりは何度も繰り返した参考書や問題集、そして模擬試験や予想問題の復習が一番いいと思う。

これまでに何度も繰り返した参考書や問題集は、受験本番まで心強いお守りになる。

そして模擬試験や予想問題の復習が有効なのは、そっくりそのままの問題が出題されることが本当に多いからだ。

模擬試験や予想問題を何度も復習する人は少ないから気づかれていないが、これまで私はこの二つを直前まで復習したことで、試験会場で笑いを堪《こら》え切れないような幸運が何度も舞い込んだ。

23

模範解答のない
勉強は、
師匠を持つと強い。

さていよいよ私の大好きな模範解答のない勉強の話をしたい。

社会人になると、仕事では模範解答のない問題ばかりを解かなければならなくなる。

たとえばあなたが出版社に就職して編集者になったとしよう。

編集者になったら売れる本を創らなければならない。

毎年数々のベストセラーが出ているが、これをやれば100％の確率でベストセラーが出せるという模範解答はこの世に存在しない。

社会人になったら、日常的に次のような問題が与えられる。

「千田琢哉の新刊を出すことになりました。さて、どんな企画で書いてもらえば売れるでしょうか？」

お子様時代の勉強では、問題集をひっくり返すと、丁寧に模範解答が掲載されていた。

それを理解して丸暗記すれば花丸がもらえた。

ところが社会人になったら、いくら問題集をひっくり返しても、そこには何も掲載されていない。

自分で模範解答を創らなければならないのだ。

ここで模範解答暗記競争に没頭してきた学校秀才たちは、途方に暮れる。

そのままノイローゼになって廃人になってしまう人もいるくらいだ。

私は、そんな努力家の努力が報われるためにこうして本を書いている。

模範解答のない勉強は、師匠を持つと強いのだ。

抜群に仕事ができる師匠を見つけて、その師匠の思考パターンをコピーするのだ。

「師匠ならこの問題をどうやって解くだろうか？」

「師匠ならこんな時どうするだろうか？」

「師匠ならこんな時どんな言葉をかけるだろうか？」

そうやって師匠の「いかにも言いそうなこと」や「いかにもやりそうなこと」を先読みしていくと、次第に師匠の思考パターンがインストールされる。

何を隠そう、私自身が社会人になってからは、師匠の思考パターンを完璧にインストールしたことによって、すべての壁を乗り切ってきた。

大学時代は本の著者が師匠だったし、サラリーマン時代は上司が師匠だった。

闇雲に自力で考えたところで、成長するには時間がかかり過ぎる。

模範解答のない勉強では、とにかく師匠を持ち、師匠の思考をとことん真似するところから始めるのだ。

24

社会人になったら、趣味を勉強にする。

「趣味は何ですか？」

社会人になるとこんな質問を何百回、何千回とされるものだ。

多くの人は、読書やゴルフ、フットサルといった、当たり障りのない模範解答を述べるが、社会人になったら趣味は勉強でいいのではないだろうか。

趣味が勉強と聞くと「暗い」と思われるのではないかと心配する人がいるかもしれないが、わからない人にはそう思わせておけばいい。

趣味が勉強と聞いて笑う人にはあなたから去ってもらえばいい。

趣味が勉強と聞いて興味を抱いた人とだけ親しくすればいいのだ。

勉強と聞くとすぐに学生時代の延長線上で英語や数学や歴史を思い浮かべる人が多い。

あなたがそれらを大好きで、つい時を忘れて没頭してしまうというのであれば、それらを勉強し続けるべきだ。

だがそれらが大嫌いでもう二度と関わりたくないのであれば、断じてやるべきではない。

勉強とはこの世に存在する森羅万象すべてが対象であり、あなたが大好きなことだけを学べばいいのだ。

資格試験の勉強をすることで幸せを感じるのであれば、きっとその勉強を通して幸せになるように生まれてきたのだ。

世界のオモチャの研究をしているうちに、世界史の勉強に発展していく可能性もある。

筋トレの研究をしているうちに、医学の勉強に発展していく可能性もある。

機械式時計の研究をしているうちに、宗教の勉強に発展していく可能性もある。

勉強というのは根っこですべてが繋がっているから、何がどこで活きてくるのか予想がつかないのだ。

だからこそ、勉強は面白いのだ。

私が大学時代に1万冊以上の本を読んだという話を聞くと、すぐ短絡的に同じようなビジネス書や自己啓発書ばかりを読んできたと早合点《はやがてん》する人がいる。

しかし、ビジネス書や自己啓発書で本を出し続けるためには、ビジネス書や自己啓発書ばかりを読んでいてはすぐにネタが尽きてしまう。

ビジネス書や自己啓発書は、私が大学時代に読んできた全書籍のせいぜい1割程度だ。

私がこよなく愛したのは小説だ。

私が多用する「自然の摂理」というキーワードは、晩年の鷗外や漱石の思想なのだ。

25

年に一テーマずつ勉強すると、二十年後に人生のステージが変わる。

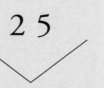

誰でも天才になれるわけではないが、誰でも天才に近づくことならできる。

それが一年に一テーマずつ勉強するという生き方だ。

「一年に一テーマずつ勉強」には二通りある。

一つは、毎年違うテーマの勉強をしていく「博識型」である。

昨年は英語の勉強をしていたかと思えば、今年は歴史の勉強をしていて、来年は地理の勉強をする、というのがこの「博識型」だ。

もう一つは、同じテーマを毎年深めていく「専門型」である。

昨年は英文法の勉強をしていたが、今年は英語のリスニングの勉強をしていて、来年は英会話の勉強をするというのがこの「専門型」だ。

前者を二十年継続すれば、あなたは相当博識になり、どんなテーマについて質問されても水準以上の意見を述べることができるだろう。

後者を二十年継続すれば、仮に英語なら英検1級やTOEIC990点をラクにクリアして次のステージの勉強に移っているだろう。

いずれにしても、二十年後にはあなたの人生のステージが確実に変わっているることくらい、容易に想像できるはずだ。

その気になれば、**二十年間の蓄積を活かして成功者の仲間入りを果たすことだって可能だ。**


たとえば私は大学時代から貪るように本を読んできた。

次第に「今度は自分の本を出したい」と強く思うようになった。

社会人になってからも読書の意欲が失せることはなかった。

それから二十年後に私はどうなったか。

100冊以上の本を出していた。

明らかに人生のステージが変わったのだ。

あなたにはあなたの夢があるに違いない。

もしあなたの夢が頭脳を鍛えて叶うものであれば、二十年も打ち込んで叶わないことはないはずだ。

否、これから先のあなたの二十年がかかっているのだから、正直に伝えたいことがある。

「自分が二十年もやればできないわけがない。できない理由が見つからない」

と一点の曇りもなく確信できる分野で勉強することだ。

少なくとも私は、二十年前から自分がこうなることはわかっていたのだから。

26

向き不向きは、記憶力の発揮度合いで決まる。

さて、どうせ勉強するのであれば、報われないより報われたほうが絶対にいいはずだ。どんなに好きなことであっても、報われなければ途中で気が滅入るのも無理はない。

勉強が報われるか否かは、あなたがどれだけその分野で記憶力が発揮できるかによる。

向き不向きは、記憶力の発揮度合いで決まるのだ。

中学時代に、どう考えても地頭は並か並以下なのに、全国のＪＲの駅名をすべて暗唱し、それらすべてを漢字で書けるという人間がいた。

彼が地理や国語のテストでも抜群の成績を収めていたかと思えば、まったくそんなことはなかった。

むしろ努力家の割には何をやっても報われない不器用人間だった。

しかし、彼は駅名を記憶することだけにかけては、学年トップだったのだ。

この場合は、駅名の記憶を中心に勉強したほうが報われやすいということになる。

あるいは、数学が得意な人間は独学で公式や解法がスイスイ頭に入り、どんなに遅くとも中学までには大学受験の数学を完成させてしまうものだ。

これが数学の才能があるということなのだ。

はたまた歴史が得意な人間は、あっという間に人物の名前と時代背景が頭に入り、高校の歴史の教師より遥かに詳しくなってしまう。

これが歴史の才能があるということなのだ。

何も駅名や数学や歴史に限らない。

パッと見た瞬間にその世界に入り込むことができる分野が、必ずあなたにもあるはずだ。

もし自分にはそんな分野がないというのなら、現実逃避としてついやってしまう分野を思い出そう。

あなたが熱狂できる分野であれば、アニメでもピラティスでもワインでも何だっていい。

少なくともその周辺にあなたの好きな勉強が潜んでいるはずだ。記憶力が発揮できないのに、カッコいいからとかメジャーだからという理由で勉強していると、永遠に努力が報われることはないだろう。

それよりは、周囲の人の数分の一の時間であっという間に記憶できる分野で勝負することだ。

とくに**大人の勉強では、この「勉強の土俵選び」が極めて重要になってくる。**

お子様の勉強と違って、大人の世界では自分の得意分野だけで勝負できるのだから、これを活かさない手はない。

第4章

人脈を変える「時間術」

27

あなたの運が悪いのは、ノロマと関わるから。

「どうすれば運がよくなりますか？」

そんな質問があとを絶たない。

運がよくなるコツは簡単だ。

運のいい人と一緒に行動すればいいのだ。

こんなことは、昔から〝経営の神様〟と呼ばれた人が繰り返し述べていたことだ。

経営の神様ほどではなくても、経営者たちは本能的に、運のいい人や会社を求めている。

就職活動だけでなく、人はいつでも運がよさそうな人を求めているものなのだ。

ここで気をつけなければならないのは、あなたがいくら運のいい人たちと付き合っても、一瞬でも運の悪い人と付き合えばたちまち運が悪くなってしまうという事実だ。

我々の身体がこれまでどんなに健康的な食物を食べ続けてきたとしても、

わずか一滴の猛毒で死に至ることもあるのとまさに同じだ。

運の悪い人間は一滴の猛毒と同じ存在なのだ。

それでは、運の悪い人の特徴とは何か？

それはノロマなことだ。

名前を呼んだ際に返事が遅い人間は、１００％の確率で運が悪い人間だ。

メールで問い合わせた際にレスポンスが遅い人間は、１００％の確率で運が悪い人間だ。

待ち合わせの時間にいつも遅れる人間は、１００％の確率で運の悪い人間だ。

仕事の締め切りにいつも遅れる人間は、１００％の確率で運の悪い人間だ。

お金の振り込みがいつも遅れる人間は、１００％の確率で運の悪い人間だ。

これらは、運の悪い人間に責任があるのではない。

これらは、運の悪い人間と絶縁できない自分に責任があるのだ。

私はサラリーマン時代からノロマが大嫌いだった。

相手がノロマだとわかった途端、相手に嫌われるように仕向けて、相手から私と別れる形にもっていったものだ。

なぜなら、運の悪い人間は執念深いことが多く、復讐されないように気をつける必要があったためである。

いずれにせよ、ノロマと絶縁することに成功するたびに、私の運気は急上昇し続けた。

もし現在あなたの運が悪いのであれば、周囲のノロマたちと今すぐ絶縁することだ。

たったこれだけのことで、人生は一変する。

28

人間には二通りいる。
寿命でお金を
買う人と、
お金で寿命を
買う人だ。

成功するためには人間観察力を磨くことが大切だとよく言われる。

成功者の特徴は何か？

自分と何が違うのか？

日頃からこうしたサンプルをたくさん集めて研究しておけば、自分にとって最高の教科書になる。

こうして人間観察をしていると、ある事実に気づかされる。

人間には寿命でお金を買う人と、お金で寿命を買う人がいるということだ。

寿命でお金を買う人は、時給や日給や月給で働いている人々だ。

自分の寿命の一部である時間を捧げる代わりにお金を受け取っているのだから、寿命でお金を買っているのだ。

本人がどう思っているかは別として、朝9時から夕方5時までという寿命の断片を搾取《さくしゅ》されながら、お金を受け取っているのだ。

一方お金で寿命を買っている人は、お金を払うことによって自分の時間を増やしている人々だ。

地下鉄とバスを乗り継いだら1時間かかるところを、タクシーなら30分で到着するとしよう。

その時、たとえお金が10倍かかってもタクシーを利用するのは、お金で寿命の一部である時間を買っているのだ。

あるいは自分でやった場合は材料費だけで済むとはいえ一週間かかるところを、専門家に頼むとたった2時間でやってくれる作業があるのであれば、たとえ数万円かかっても迷うことなく依頼するのは、お金で寿命の一部である時間を買っているのだ。

これらはどちらが正しいかという問題ではなく、個人の価値観の問題だ。

そして寿命でお金を買う人は寿命でお金を買う人同士で集まり、お金で寿命を買う人はお金で寿命を買う人同士で集まっている。

前者は貧しく、後者は豊かであることが多い。

寿命を削ってお金をもらっているうちに、勉強する時間がなくなるから、歳をとるごとにどんどん稼げるお金が減ってしまう。

これが貧乏スパイラルだ。

お金で寿命を買っている人たちは、勉強する時間が増えるから、さらに稼げるようになって、どんどんお金が増えていくのだ。

これが富める者のスパイラルだ。

29

すぐやる人たちと付き合うと、すぐに夢が叶う。

あなたは夢を叶えたいだろうか。

もし本気で夢を叶えたければ、「すぐやる人たち」と付き合うことだ。

すぐやる人たちと付き合わなければ、夢はいつまでも夢のまま終わってしまう。

どうしてすぐやる人は夢が叶うのか。

それはさっさと夢を叶えないと、熱意が冷めてしまうからだ。

当たり前だが夢を叶えるためには、いくつかのプロセスがある。

そのプロセスにはいくつもの壁がある。

それらすべてを突破しなければならないのに、モタモタしていてはモチベーションが落ちてしまうのだ。

人は、疲れてくると夢を諦める理由を並べ立てる天才に豹変《ひょうへん》するから、夢は夢のまま幕を閉じるというわけだ。

モチベーションを落とさないコツは、何でもテキパキやることだ。

テキパキやることによって、自分が疲れていることを忘れてしまう。

テキパキ生きていると、テキパキが自分の標準になる。

すると、テキパキしていないほうが疲れるようになる。

いつも疲れないように目の前の課題をテキパキとこなし続けているうちに、ふと気づいたら夢が叶ってしまっているのだ。

夢が叶うというよりも、ゴールを知らないうちに通過してしまったという感じだ。

私の夢はサラリーマン時代に本を出すことだったが、その夢は本当に拍子抜けするほどあっさり通過した。

正直に告白するが、コンサルタント会社に転職した途端「あ、叶うな」と確信した。

駆け出しの平社員のコンサルタントでも、自分の本を出している人間がたくさんいたからという理由もあるが、それ以上に大きかったのはテキパキ仕事をする人たちで溢れ返っていたからだ。

前職の損害保険会社との一番の大きな違いは、社員のテキパキ度だった。

それはもう私にとってはこの上なく快感で、何でも実現できるという根拠のない自信が全身に漲《みなぎ》ってきたものだ。

よく「環境のせいにするな！」と吠える人がいるが、あれは嘘だ。

夢を叶えるためには環境ほど大切なものはない。

環境が整えば、自然と背中を押されるような流れができる。

夢を叶えるためには環境がすべてではないが、環境は必要不可欠なのだ。

30

「あの人、
時間にうるさいよね」
と噂されれば、
あなたは成功する。

あなたは「時間にうるさい」と噂されたことがあるだろうか。

もし噂されたことがあるのなら、あなたはきっと成功する。

「時間にうるさい」というのは、永遠に成功できない人々が、まもなく成功する人に向けて発するセリフなのだ。

もしあなたが「時間にうるさい」と噂されたら、落ち込むどころか小躍りするくらいでちょうどいい。

反対にもしあなたが「あの人は時間にうるさい」と群れて噂している側にいるならば、率直に申し上げてかなり深刻な負け組だ。

時間にうるさいというのは、成功者にとっては当たり前の常識であり、地球が丸いのと何ら変わらない。

時間にうるさいということは、1分1秒を大切に考えているということだ。


1分1秒を大切に考えているということは、命を大切に考えているということだ。

自分の命だけではなく、他人の命も大切に考えているということだ。だから、時間にうるさい人というのは、人間味溢れる温かい人なのだ。

反対に「あの人、時間にうるさいよね」と噂している人は、1分1秒を軽く考えているということだ。

1分1秒を軽く考えているということは、命を軽視しているということだ。

自分の命だけではなく、他人の命も軽視しているということだ。

つまり、「あの人、時間にうるさいよね」と噂している人は、人の命を軽んじる冷たい人なのだ。

私がこれまで長期間にわたってつき合ってきた人々は、そろいもそろって時間にうるさい人たちばかりだった。

最初から成功者だった人も大勢いるが、なかには出逢った当時は名もない人だったのに、何年かして成功した人も複数いる。

とくに完全歩合制の営業マンは、時間にうるさくなければ、例外なく出世していない。
少し考えてみればこれは当たり前だ。
ノルマを達成するということは、約束の期日までに遅刻しないということだ。
約束の期日までに遅刻しないということは、目の前の仕事に遅刻しないということだ。
結局のところ、時間にうるさくない人は、何も成し遂げられないということなのだ。

31

遅刻魔と借金魔は同一人物だ。

一度でも借金魔と関わると、人生を台無しにしかねない。

これまでに私が出逢った人の中にもそんな人は大勢いた。

せっかくお金持ちになりかけていたのに、借金魔と関わった途端に運気が急降下して、借金がどんどん膨らんで、あっという間に倒産してしまったという例は枚挙《まいきょ》に暇《いとま》がない。

借金魔の周囲には同様に借金魔ばかりだから、紹介される人すべてが詐欺師なのだ。

次第に私は、これら借金魔を見分けるコツがわかるようになってきた。

それは、借金魔がほぼ100%の確率で遅刻魔だったということだ。

約束の待ち合わせ時間に必ず遅刻してくるのだ。

約束の時間に遅刻してくるということは、お金の振り込みにも遅刻するということだ。

お金の振り込みに遅刻するということは、次第に周囲の信頼をなくすということだ。

周囲の信頼をなくすと、誰からもお金を貸してもらえなくなる。

周囲の誰からもお金を貸してもらえなくなるからついに闇金に手を出し、闇金の利息を払うために今度はどうでもいい相手を選んで最初から返す気もないのにお金を借りる。

闇金に手を出してからあなたに借金を頼みに来たということは、あなたは単なる金蔓《かねづる》と考えられており、もう友人でも何でもないと心の中では切り捨てられているのだ。

ここでお人好しは「友人だから」とお金を貸してあげるが、すぐに相手と音信不通になって人間不信に陥ることになる。

なかには友人に貸したお金が返ってこないからと、自分まで闇金に手を出してしまう人もいた。

こうして借金魔は連鎖反応で増えていくのだ。

ここで大切なことは、友人だからこそお金を貸さない勇気を持つことだ。

相手と友人のままでいたいなら、絶対にお金を貸してはいけない。

あなたが中途半端なお金を貸したために、その友人はより膨大な借金を抱えてしまうのだ。

このスパイラルに巻き込まれないためには、遅刻魔とは絶縁することだ。

遅刻魔は、いずれ必ずあなたの人生を台無しにする。

私の場合は1分遅刻してきた相手は要注意人物として絶対に忘れないし、無断で5分遅刻した相手とはもう会わないでそのまま帰る。

これが史上最強のリスクマネジメントなのだ。

32

あなたから去る人は、絶対に追いかけてはいけない。

人間関係で何が一番大切かと問われたら、私はこう即答する。

去る者を追わないことだ。

去る者を追うということは、運気を下げる行為である。

いかなる理由があろうとも、あなたから離れて行く人はあなたにとって〝さげまん〟だ。

あなたから去ることによって、直接的にも間接的にもあなたにマイナスを創り出そうとしているわけだから、正真正銘の〝さげまん〟なのだ。

その〝さげまん〟を引き留めようと踏ん張る人がいるが、それはこれからずっとあなたにマイナスを与え続ける人を、自分からあえて身近に置いておくという愚かな行為だ。

勘違いしてもらいたくないが、あなたから去る人がすべて「悪」だということではない。

あなたにはあなたの人生があるように、相手にも相手の人生がある。

あなたは相手に去ってもらうことで幸せになり、相手はあなたから去ることでこれから幸せになろうとしているのだ。

あなたはあなたの人生の主人公であり、相手は相手の人生の主人公だ。

どちらが正しいということではなく、どちらも自然の摂理に従えばいいのだ。

私はこれまで、いかなる人間関係においても去る人を追いかけたことはない。

たとえどんなに親しい間柄であったとしても、どんなに愛し合った相手だったとしても、ゼロ秒で快諾《かいだく》した。

私の迷いない対応を見て、逆に相手がすがり付いてくることもあったくらいに淡白だ。

どうしてこんなに別れに強くなったか。

それは、**大切な人が去るほど、次の出逢いが素敵なものになることを知っているからだ。**

これは決してスピリチュアルな話でもなければ、私の強がりでもない。

次に大切な出逢いが訪れるからこそ、今の出逢いが追い出されるのだ。にもかかわらず今の出逢いを無理に引き留めようとすれば、出逢いの消化不良を起こし、せっかくの次の出逢いもどこかへ行ってしまうのだ。

私から去ろうとする相手も、私に引き留められることによって、新しい出逢いを逃してしまうだろう。

だから私は自然の摂理に従うのだ。

去る者を追わないのは、自分のためだけではなく、相手のためでもあるのだ。

33

来る者は、拒んでもいい。

来る者拒まず。

立派な正論だと思う。

だがこの正論にあなたはどれだけ苦しめられただろうか。

「誰とでも仲良くしなさい」

「人を嫌ってはいけません」

「せっかく来てくださったのだから……」

これらの言葉は子どもの模範解答としては正しいが、社会に出てからは役に立たない。

社会に出てからはこうなる。

「三流の人と仲良くしてはいけません」

「三流の人にはちゃんと嫌われましょう」

「アポなしでやって来る人は三流だから居留守を使いましょう」

私は社会に出てからこれらの行動指針で生きてきたが、間違ってはいなかったと思う。

おかげさまで膨大な自分の時間を生み出せたし、周囲に嫌いな人間はいなくなったからノンストレス状態で人生を謳歌《おうか》できている。

来る者は、どんどん拒んでもいいのだ。

私は「会ってください」という依頼は99％以上断っているし、これからもスタンスを変える気は毛頭ない。

その代わりビビッ！　ときた1％未満の相手には、きちんと時間を割いて会う。

そうして会った相手とは、敬意をベースにした素敵な時間を過ごすことができる確率が高いのだ。

もしあなたが「来る者拒まず」で苦しんでいるのであれば、一度思い切って拒んでみることを強くオススメする。

勇気を持って拒んでみると、あなたに驚くべきことが起こるだろう。

それはあなたの価値が高まるということだ。

少し考えてみればこれは当たり前の話だ。

いつでも簡単に会えてしまう相手というのは、お手軽で安いファストフードの商品と同じで見下されてしまう。

なかなか会えない相手というのは、敷居の高い高級店と同じで付加価値が上がる。

すると、断っただけなのに一目置かれるようにもなる。

自分の価値をプロデュースすることにもなるのだ。

34

別れたい相手には、「ごめんなさい」を言わない。

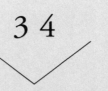

あなたが過去に別れた相手を思い出してもらいたい。

その人と別れたきっかけは何だったろうか。

きっとそれは「ごめんなさい」が言えなかったことではないだろうか。

あらゆる人間関係は「ごめんなさい」が言えなかったことで途切れていくのだ。

いつも「ごめんなさい」を相手から言わせる習慣の人は、すべての人間関係が途切れていくから、最終的には孤立無援《こりつむえん》になるのだ。

人間関係を長続きさせたければ、自分から「ごめんなさい」を言える人間になることだ。

「ごめんなさい」は人間関係において、接着剤なのだ。

換言すれば、もしあなたに別れたい相手がいれば「ごめんなさい」と言わなければいいのだ。

人間関係に終止符を打ちたければ、「ごめんなさい」と言うべきところで言わなければいいのだ。

後味の悪い別れになるかもしれないが、あえてそういうリスクを取る挑戦も必要だ。

なぜなら、別れにいちいち後味のよさを求めていると、いつまでたっても別れることなどできないからだ。

たとえ後味が悪くても、できるだけ早く別れたほうがいい相手は絶対にいる。

そんな相手にいいかっこうをしても仕方がない。

それよりは、あえて「ごめんなさい」を言わないで自分が悪役を買って出るほうが、ずっと潔いというものだ。

何を隠そう、私自身も別れたい相手にはこれをよく使う。

別れたい相手には美しい別れ方をするのではなく、こちらが悪役を演じることによって、「千田琢哉と別れてスッキリした」とあえて悪口を言わせてあげるのだ。

その代わりあなたの周囲に残ってくれている相手には、存分に愛情を注げばいい。

もちろんあなたに非があった場合は、大切な相手には電光石火の如く謝罪すべきだ。

たっぷりと愛情を注いだ人たちは、そのままあなたの応援団になってくれるだろう。

人がどれだけ幸せな人生を歩むことができるかは、敵の少なさではなく、応援団の数で決まるのだ。

応援団の数と敵の数は完璧に比例するわけではないが、かなり比例する。

必要以上に嫌われることを恐れていては、応援団たちもあなたに愛想を尽かしてしまう。

35

勉強不足のまま出逢いを求め続ける人は、未来の可能性を失っている。

私と一緒に仕事をする編集者で、執拗《しつよう》に「会ってください」と私に懇願《こんがん》してくる割に、実際に会ってみると退屈極まりない人がいる。

久しぶりに会ったのに全然成長していないどころか、むしろ退化している人もいる。

せっかく時間を割いた私としては、その編集者〝ならでは〟の特ダネを期待しているのに、逆に私から特ダネを提供したり質問したりする始末だ。

これでは何のためにわざわざ会っているのかわからない。

さて、ここから何が言えるのだろうか。

それは勉強不足のまま出逢いを求め続ける人は、未来の可能性を失っているということだ。

勉強不足のままで人に会うと、もう二度と会ってもらえなくなるのだ。

これは、私がサラリーマン時代に痛い目に遭いながら獲得した知恵だ。

勉強不足のままで偉い人に会うと、ブラックリストに入れられる。

ブラックリストに入れられると、せっかく将来成功しても、会ってもらえなくなる。

勉強不足のまま無理に会ってもらった時に、未来の可能性を先食いしてしまったからだ。

もし将来本物の人脈を創りたければ、人と会う時間は最小限にしておくことだ。

そして孤独の時間に粛々《しゆくしゆく》と勉強しておくことだ。

いざ成功した暁《あかつき》には、放っておいても相手から「会ってください」と声がかかるようになる。

現に私もそうなった。

大学時代に憧れだった某哲学者から突然声がかかり、銀座のバーに呼び出されて話をさせてもらったことがある。

あるいは別の憧れの成功者とは、代理店を介して対談を申し込まれ、一緒に仕事をさせてもらったこともある。

いずれも私から声をかけたのではなく、相手から声をかけてもらったのだ。

どうして相手から声をかけてもらえたのか。

それは、私が孤独の時間にずっと勉強し続けて準備してきたからだ。

本物の出逢いというのは、本物の実力をつけた人間同士でしか実現しない。

やたらと人と会ってはいけないし、やたらと人と会いたがるべきではない。

そんな暇があるのなら、将来相手から声がかかるように、もっと勉強しておくことだ。

第5章

恋愛を変える「時間術」

36

恋は、短距離走。

恋愛という字は深い。

恋愛の「恋」は「恋に落ちる」という言葉もあるように、相手の長所に惚れることだ。

よく「人の長所に目を向けなさい」と言われるが、あれは好きな相手に対しては自然に簡単にできることだ。

たとえば合コンで「恋に落ちる」ということは、「エリートだから」「イケメンだから」「お金持ちだから」、あるいは「ノリがいいから」「美人だから」「スタイルがいいから」というような、相手の長所に惹かれるということだ。

綺麗事を抜きにすれば、男と女は第一印象で相手のことが好きになって交際をスタートさせることが多いのだ。

換言すれば、男女ともにアラサーになっても「彼（彼女）いない歴＝年齢」という人は多いが、それは第一印象に魅力がないからだ。

率直に申し上げて、人は第一印象で相手のことを「性的関係の対象になるか否か」で判断している。

「この人とはキスできない」と思われたら、その時点で即アウトなのだ。

私の本もそうであるように、「自分を磨くことが大切だ」と説く本は数多くあるが、そうしたアドバイスが恋愛に活きるのは、「この人ならキスできる」という最低ラインをクリアできたうえでの話だ。

別に誰からもモテモテになる必要はない。

10人中10人から「この人とはキスできない」と思われてはいけないということだ。

アラサー以上になっても「彼（彼女）いない歴＝年齢」という人は、10人中10人から「この人とはキスできない」と思われてきた可能性が高い。

人生を変えたければ、まず事実を受容することである。

これまで私は、10人中10人から「この人とはキスできない」と思われてきた男女が、見事な変貌を遂げたのを一次情報で何人も見てきた。

その人たちの共通点はハッキリとしている。

つべこべ言わず、身近で一番モテそうな同性の外見をとことん真似したのだ。

できれば骨格的に自分と近い相手がいいだろう。

男女ともに「髪型」「メガネ」「服装」を変えるだけで、「性的関係の対象外」は脱出できる。意外と簡単なことなのだ。

恋は短距離走だから、初対面の印象がすべてを左右する。

37

愛は、長距離走。

恋愛の「愛」は長距離走であり、相手の長所に飽きてから始まる。

相手の長所にまで飽きると聞くと、暗い気分になるかもしれない。

だがそれではいつまでたっても結婚はできないし、愛を知ることは永遠にできない。

どんなに盛り上がって交際してきたカップルでも、半年もたてばピークは過ぎるものだ。

これまで恋ばかりして愛を経験したことがない人は、ピークが過ぎ去った後の虚しさに耐え切れず、わずか一年や二年で離婚してしまう。

ではどうすれば愛を維持できるのか。

とても簡単だ。

それは、相手が嫌がることを棺桶《かんおけ》に入るまでしないと決めることだ。

どんなに愛している相手でも、長期間交際していると相手の短所がたくさん見えてくる。

「相手の短所には目をつぶりなさい」とはいうものの、現実の夫婦関係での時、自分にできるのは、毎日そんな我慢をすることはほぼ不可能だ。

長期間にわたって人間関係を維持させたいと思った時、自分にできるのは自分の短所を矯正していくことしかない。

つまり、お互いに交換条件で短所を矯正していくのだ。

もちろん、自分の短所をすべて矯正する必要はない。

相手が嫌がる短所だけを、徹底的に矯正するのだ。

「私は禁煙するから、あなたはダイエットして体重をあと10キロ減らしてね」

「私は靴をそろえるようにするから、ドアの開け閉めをもう少し静かにしてね」

「私は料理のレパートリーを増やすから、お小遣いを減らして外食は控えてね」

こうしてお互いの短所を矯正し合うことで、愛が長続きするのだ。

こう聞くと我慢比べをしているようで、愛は恋よりつまらないと思うかもしれない。

だがそれはあなたが未熟者だからそう思うのだ。

恋愛に限らず、仕事でも短所を矯正していくのはとても大切なことなのだ。

世紀を代表するような類稀《たぐいまれ》な大天才を除けば、短所が多い人間が一流になることはまずない。

たとえば作家の世界でも、長期間にわたって何百冊もの本を出し続けられるのは、短所が少ないからなのだ。

担当編集者が生理的に受け付けない短所をいくつも抱えていては、作家だって仕事が途切れていくのは当然だ。

私がどうして毎月本を出せるかといえば、担当編集者が嫌がることをしないからなのだ。

38

チェックアウト間際に
もたもたする女性は、
さげまん。

実際に口に出すかどうかは別として、お金持ちと結婚したいという女性は多い。

他のスペックが同じなら、どう考えてもお金持ちと結婚したほうが幸せになれるからだ。

ではどうすればお金持ちと結婚できるのだろうか。

真実をお伝えしよう。

こうすればお金持ちと結婚できるという方法はないが、こうするとお金持ちに嫌われるという禁止事項ならある。

それはホテルのチェックアウト間際にもたもたすることだ。

お金持ちは常軌を逸するほど時間を大切にする。

だからこそ、お金持ちになれたわけだ。

そんなお金持ちに対してホテルのチェックアウト間際でもたもたする姿勢を見せたら、「こいつは将来自分の足を引っ張るだろうな」という〝さげまん〟の烙印を押される。

お金持ちは、チェックアウトに遅れて追加料金を支払わなければならないから嫌なのではない。

チェックアウトに遅れると、運気が下がるから嫌うのだ。

チェックアウト間際は、どんなホテルでも必ずフロントが混雑するものだ。

お金持ちはとにかく混雑を嫌う。これを避けるためにならいくらでもお金を払う。

もたもたした〝さげまん〟が原因で混雑したフロントに巻き込まれると、その後の予定も狂ってしまうことを経験上よく知っているのだ。

せっかくこれまでスムーズな歯車で人生が回転していたのに、ギクシャクしてくるのだ。

ちょうど車の運転をしている時に、すべての信号がバッドタイミングで赤に切り替わるようなものだ。

私がこれまで交際が長期間続いたのは、チェックアウトの準備が猛烈に速い〝あげまん〟ばかりだ。

それどころか、逆に私にプレッシャーをかけて、チェックアウトを急かしてくれるくらいの女性に惚れる。

どんなに美人でも、チェックアウト間際にもたもたされたら、それが別れの決定打になる。

「この〝さげまん〟とは絶対に関わってはいけない」

そう全身の細胞が騒ぐのだ。

チェックアウト間際には、その人の生き様が露呈《ろてい》するのだ。

39

待ち合わせに二度続けて遅刻する相手とは、別れていい。

デートの待ち合わせでよく遅刻する人がいる。

なかには遅刻した分際で逆ギレしている人もよく見かける。

「遅れるって、メールしたよね？」

「だって、電話が繋がらなかったよ？」

そしてなぜかちゃんと時間通りに到着していた側が、「ごめん、気づかなかった……」と謝っているのだ。

ところでなぜ人は遅刻するのか、考えたことがあるだろうか。

それは、待たせている相手のことを根本的になめているからだ。

待たせている相手の命を軽く見ているからだ。

あなたもつい遅刻してしまったことがあるだろう。

それは相手のことをどこか軽く見ていたからではなかっただろうか。

「この人ならまあ大丈夫だろう」というずるい思いが、心のどこかにあったから遅刻したのだ。

交通の事情にするかもしれないが、万一その相手が大統領だとしたらどうだろうか。

きっと何があっても大丈夫なように、近くのホテルに宿泊してでも万一の遅刻を避けるはずだ。

このように遅刻とは相手のことをどのくらい大切に考えているのかが浮き彫りになるのだ。

恋愛でもビジネスでも、お互いを思い遣る愛がなければ、どんなに表面上が幸せに見えても無価値なのではないだろうか。

少なくとも私はそう思う。

愛がなければ、どんな成功でも自然の摂理に反するから、それはうまくいかなくなるものだ。

私は、プライベートで二度続けて5分以上の無断遅刻をした相手とは、絶縁する。

ビジネスにおいては、一度でも5分以上の無断遅刻をした相手とは絶縁する。

もちろん交通渋滞のようなやむを得ない事情だとか、事前に遅れると連絡をくれていた痕跡《こんせき》が残っている場合は許す。

だから決してそんなに厳しいことを言っているわけではない。

遅刻してはいけないという当たり前のことを、当たり前の習慣にしようという話をしているに過ぎない。

それを守らない相手は、あなたという人間を大切に思っていない。

そんな人とは幸せになれないから別れるのだ。

40

靴を履きながら
鏡の前で
コーディネートする。

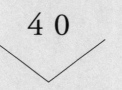

デートで遅刻する人の特徴がある。

それは、靴を履いてから「この靴はこの服に合わない」と気づいて、服を着替えてしまうことだ。

せっかく予定の5分前には出かけようとしたのに、もう一度服を着替えようものなら、軽く10分や20分が経過してしまうだろう。

これで電車を1本乗り遅れて遅刻するのだ。

笑い事ではなく、こうして遅刻を重ねているうちに素敵な相手にフラれてしまう可能性が高くなる。

相手が「最後に靴で迷ったならOK！」とは思うはずがない。

最初からお気に入りの靴が決まっていて、その靴をどうしても履いていきたい気持ちは、私にも痛いほどよくわかる。

私も靴が大好きな人間だからである。

そんな人にオススメなのが、靴を履きながらコーディネートできるように工夫することだ。

たとえば、新聞紙やカーペットを全身鏡の前に敷いてコーディネートするのだ。

こうすれば玄関でまた引き返す必要はないし、何よりも自信とゆとりをもって出かけることができるはずだ。

それだけではなく、履いていく靴を先に決めることにより、これまでにない組み合わせを発見することも多いのだ。

これをあなたの一生の習慣にすることにより、あなたの生涯における遅刻率は激減するに違いない。

このように遅刻というのは単に「遅刻はいけません」という道徳論や精神論で縛るのではなく、**どうすれば解決できるのかを仕組みで考えることが大切なのだ。**

遅刻がいけないことくらい、小学生でもわかっている。

では、いったいどうすれば物理的に遅刻できなくなるのかを考えるのだ。

服のコーディネートに限らず、朝起きるのが苦手で遅刻する人は、朝起きられる仕組みを考えることだ。

朝起きられないのは、夜早く寝ないからだ。

夜早く寝ないのは、遅くまで何か余計なことをやってムダに起きているからだ。

仕組みをつくるためには、原因を突き止めてムダを削除し、合理化した流れをつくることだ。

41

帰りは、少し早めに切り上げる。

シンデレラが並み居る強豪《きょうごう》の中で王子様をゲットできた理由は、朝までダラダラと付き合わなかったからだ。

王子はてっきりシンデレラがずっと一緒にいると思い込んでいたのだろう。それが、12時で魔法が解けるからと手を振り払って帰ってしまった。この名残惜しさが、シンデレラに奇跡を起こしたのだ。

あなたもお気づきのように、シンデレラがかけられた魔法とは、「時間を厳守する」ことだったのだ。

翻って、あなたはどうだろうか。

明日の朝は早いのに、デートでいつまでもダラダラと一緒にいないだろうか。

終電に間に合わなければ「まあいいや」とあっさり諦めて、そのまま朝までグズグズと付き合ってはいないだろうか。

実は、こうしたダラダラやグズグズの日々の蓄積が、あなたの価値を下げているのだ。

ダラダラやグズグズは、自分を安売りしている行為だと早く気づくことだ。

誰だって価値が低くて安い相手と付き合っていると、次第にありがたみを感じなくなる。

結果として、捨てられてしまうということだ。

綺麗事を抜きにすると、**あらゆる人間関係にはこうした賞味期限が存在する。**

もしあなたの賞味期限を引き延ばしたければ、価値を上げて高く感じさせる必要がある。

そのために一番手っ取り早いのは、帰りを少し早めに切り上げる習慣をつくることだ。

たとえば「9時に帰る」と予め伝えておいたのであれば、どんなに遅くとも8時55分には帰ることだ。

できれば8時45分くらいに帰ると、より美しい。

相手に「もう少しいいじゃん」と言われるくらいが、あなたの価値を最高に高めている状態なのだ。

そこで「じゃあ、もう少しだけ」とズルズル残ったが最後、あなたは〝安物〟ならぬ〝安者〟になってしまう。

あなたもシンデレラのように奇跡をつかみたければ、相手の手を振り払ってでも帰ることだ。

最初はかなりの思い切りが必要かもしれないが、一度やってみると虜《とりこ》になる。

なぜなら、早めに切り上げることによって、あなたに主導権が転がってくるからである。

42

いつも短期間で終わるのは、あなたが勉強しないからだ。

恋愛が長続きするか否かの決定打は、ルックスではなく、中身だと思う。

これは男女関係ない。

せっかく美人なのにいつも短期間で恋愛が終わってしまう人の特徴は、頭が悪いことだ。

つまり、自分を高めるような勉強をしていないということだ。

いくら恋愛中の相手であっても、人は、勉強していない相手とは次第に話が噛み合わなくなってしまう。

人は、自分より頭が悪い相手のことは、尊敬できないものなのだ。

その結果、別れることになってしまう。

もしルックスだけでモテるとすれば、それは相手の程度が低いということなのだ。

たとえば若くして結婚したカップルで、その後すぐに離婚するパターンがこれに該当する。

夫婦というのは相手の容姿が醜くなったから離婚するのではなく、相手と価値観や会話が合わなくなってしまったから離婚するのだ。

やはり人間は知恵の生き物なのだ。

どんなに俊足な人間でも、走るスピードでチーターに敵う者はいない。

どんなに高跳びが得意な人間でも、高さでカラスに敵う者はいない。

どんなに水泳が得意な人間でも、泳ぎのスピードでマグロに敵う者はいない。

どんなに怪力の持ち主でも、パワーでアフリカゾウに敵う者はいない。

ところが唯一頭脳だけは、人類が地球上の生物で2位以下に大差をつけてダントツ1位なのだ。

人間は、頭脳を鍛えることによって、どんな動物より弱い存在にもかかわらず、ここまで繁栄してきたのだ。

人間は頭脳を鍛えることで、生き延びてきたのだ。

もし、少しでも時間があるなら、人と会うより本を読もう。

普段から本を読んでいればちょっとした雑談も面白くなるから、出逢った人との関係が継続しやすくなる。

話していて楽しいと思った人ほど、「ところでお仕事は何をされていますか？」と自己紹介し合ったところ、業界では知る人ぞ知る有名人だったりする。

恋愛の出逢いでも同じだ。

素敵な異性と出逢っても、最終的には頭脳を鍛えていなければ続かない。

自分が魅力的な人になって初めて、魅力的な人と交際ができるのだ。

43

次も会いたければ、別れ際に振り返らない。

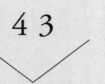

これまで私は、書斎を訪れてくれた人たちすべてをエレベーターで一緒に下まで降りて、お見送りしてきた。

それらの経験から面白い真実が浮き彫りになってきた。

ダサい人ほど振り返り、素敵な人ほど振り返らないということだ。

これにはもう例外がないのだ。

私が別れ際に振り返ってはいけないことを教わったのは、映画を通してだ。

学生時代から数多くの映画を鑑賞してきたが、映画には、別れ際に振り返ったら次は会えなくなるという法則があった。

映画を千本ノックもすれば誰でも気づくことだが、話の中で悪役が急にいい人になると、その人はまもなく死ぬ。

これは現実の世界でもまったく同じで、もうすぐ亡くなる人は最期にいい人になることが多い。

あるいは高いアングルからフェードアウトしていくように撮影されたら、

もうすぐ死ぬという合図だ。

これは現実の世界でもまったく同じで、まもなく亡くなる人は、病院のベッドの上で高いアングルから数多くの人たちに見下ろされることが多い。

このように、映画はただの作り話ではなく、すべて現実で起こっていることをありのままに表現しているのだ。

つまり**別れ際に振り返ったら、その人とはもう会えなくなるというのが現実なのだ。**

少なくとも、別れ際に振り返るたびに、相手との心の距離が遠のくことは間違いない。

だから私は大切な人こそ、別れ際には振り返らない。

どんなに辛くても振り返らない。

なぜならもう一度会いたいと思うからだ。

自分が見送る立場の時には、相手が振り返らないで背中だけを見せ続けてくれることを祈る。

たとえ痩せ我慢でもいいから、強くあってほしいのだ。

そして私に「もう一度会いたい」と思わせてもらいたいのだ。

もしあなたがより魅力を増したければ、今日から別れ際に振り返らないようにしよう。

きっと大切な人とまた会えるはずだ。

第6章

お金を変える「時間術」

44

年収を2倍にしたければ、労働時間を減らさなければならない。

新入社員の頃、こんな事実に気づかされた。

私の年収のちょうど2倍もらっている人は、課長代理クラスだった。

その課長代理の年収のちょうど2倍もらっている人は、取締役クラスだった。

年収が2倍違うと何が違うのか、私はじっくり観察した。

どう贔屓目に見ても課長代理の知能指数が、私の2倍だとは思えなかったし、取締役に至っては、むしろ私より知能指数が低いのではないかと思えた。

あれこれ考えて出た結論はこうだ。

課長代理は私の労働時間の実質約半分しか働いておらず、取締役の実質労働時間は私の4分の1程度に過ぎなかった。

つまり、労働時間が減るほどに収入が増えていたのだ。

これ以外の違いは、すべて些細なことのように思えた。

そこで、私は労働時間をいかに減らすかを考えに考え抜いた。

まず外回りの時間はすべて休憩タイムと割り切って、サボりまくった。

会社とは誠にありがたいもので、社内でデスクワークをこなしている社員よりも、社外に出て外回りしている社員の方を、「アイツはよく頑張っている」と評価してくれる。

これを存分に活かさない手はないと思い、「直行・直帰」を最大限活用して、課長代理に負けないように労働時間を半減させた。

その結果、驚くべきことが起こった。

何と労働時間を半減させたのに、翌年の年収が2割もアップしたのだ。

もちろんこれは大企業特有の年功序列によるものだが、ここで私はそんな退屈なことを述べたいわけではない。

労働時間を半減させて年収が1・2倍になったということは、時給換算すると2・4倍になったということになる。

つまり私は、時給においては課長代理を確実に超えたことになるのだ。

その話を転職の面接でしたところ、一人の天才コンサルタントに気に入られて、奇跡的に補欠採用された。

転職後は毎年年収が1・5倍ペースで増え続け、今度は時給換算ではなく、実質年収でも課長代理を軽く超えてしまった。

働く時間を減らすほど収入が増えるというのは、本当だったのだ。

もちろん、労働時間を半減させても会社に文句を言わせない程度の実力は不可欠だ。

45

年収を10倍にしたければ、大量の自由時間が必要だ。

新入社員の頃、こんな事実に気づかされた。

私の年収のちょうど10倍もらっている人は、社長だった。

年収が10倍違うと何が違うのか、私は念入りに調べ上げた。

どう贔屓目に見ても社長の知能指数が私の10倍もあるとは思えなかったし、社長が私の10倍働いているようにも見えなかった。

よく「社長は忙しいから……」と言われるが、あれは嘘だ。

もし本当に社長が忙しければ、それはかなり危険な会社であり、資金繰りに行き詰まって東奔西走《とうほんせいそう》しているだけだ。

これまで3000人以上のエグゼクティブたちと付き合ってきた私が言うのだから間違いない。会社で一番暇なのは社長でなければならないし、それでいいのだ。

社長の仕事とは、経営の舵《かじ》取りをすることであり、日々決断することだ。

経営の舵取りや決断を誤って社会的に損失を与えたら、マスコミの前で連日頭を下げて謝罪しまくることが仕事になる。

これが社長の役割なのだ。

社長が忙しいのは恥であり、社長としてろくな仕事をしていないことになる。

さて、私が新卒で入社した会社の社長と、新入社員だった私の決定的な違いといえば、自由時間の量だった。

社長には自由時間がたっぷり確保されていて、私には自由時間がほとんどなかった。

社長室には優雅な空間に優雅な時間が流れており、私の周囲にはゴチャゴチャした空間にゴチャゴチャした時間が流れていた。

そこで私は社長室の優雅な空間と優雅な時間の流れを完璧に目に焼き付けておいた。

「この状態をつくり出せば、年収が10倍になる」と鮮明にイメージしたのだ。

転職先のコンサルタント会社では、経営のノウハウをできる限り貪欲に吸収した。

その後独立して、当時イメージしていた年収10倍の社長室と同じ優雅な空間と優雅な時間の流れを生み出す書斎を獲得した。

想像以上に早く、私の仮説は実現した。

書斎を獲得してわずか2年目には13倍になり、3年目には20倍になった。

当時の社長は60代だったが、私は30代で圧倒的自由を獲得することができた。

成功してから自由を獲得できるのではなく、自由を獲得するプロセスで成功するのだ。

最初に自由の獲得があり、そのあとにお金が追いかけてくるのだ。

46

お金は労働時間の少ない場所に集まってくる。

「時は金なり」という言葉もあるように、お金と時間は切っても切れない関係にある。

「時は金なり」を英訳すると「Time is money.」になるが、この場合「is」は算数の「＝」として使われている。

「Time is money.」とは「Time = money」ということだが、現実には「Time > money」であるのはご存じの通りだ。

時間とお金は同じ価値ではなく、お金は時間に追従《ついじゅう》するのだ。

では、お金はどのような時間に追従しやすいか。

時間の密度が低い場所に、お金は群がりやすい。

時間の密度が低いということは、労働時間が少ないということだ。

あなたの会社を虚心坦懐《きょしんたんかい》に考えてみてもらいたい。

安月給の平社員は、課長よりも忙しいはずだ。

すると、忙しい平社員はお金から嫌われるから、お金が集まってこないようになっているのだ。

これは会社の仕組みがそうなっているからではなく、お金と時間の自然の摂理なのだ。

その証拠に、この法則が当てはまるのは、平社員と課長の関係だけではない。

部長は課長よりも暇だからこそ、課長よりもお金が集まってくるのだ。

社長は部長よりも暇だからこそ、部長よりもお金が集まってくるのだ。

この自然の摂理に従うと、あなたにも必ずお金が集まってくる。

現在の私の仕事も例外ではない。

私の年収は（一部の経営陣を除けば）どんな超大手の出版社の編集者よりも間違いなく高いと思うが、労働時間は彼らよりも遥かに少ない。

きっと年収は桁違いに高く、労働時間は桁違いに少ないだろう。

これは、私がお金は労働時間の少ない場所に集まってくるという自然の摂理にそのまま従っているからだ。

労働時間が少ないといつもゆとりがあるから、「あの人ならすぐにやってくれるだろう」と信頼されて、次々に仕事を運んでもらえるようになる。まるでベルトコンベヤーのように企画が運ばれて、いつもお金が集まってくるのだ。

誤解なきよう強調しておくが、これはヒモやニートになれという意味ではない。

自分の特性を活かし、超短時間でプロとしての合格ラインを超えた仕事をすれば、お金は自然についてくるのだ。

47

お金はスピーディな場所に集まってくる。

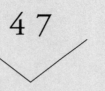

仕事のスピードは同じくらいでも、評価される人間と評価されない人間がいる。

何が明暗を分けるのかといえば、仕事を依頼した人間が清々しい気持ちになるかどうかだ。

仮に同じスピードで仕事を終わらせたとしても、スタートが鈍い人間とスタートが速い人間とでは、印象がまるで違う。

スタートが鈍い人間は、名前を呼ばれても数秒遅れて「ハァ〜イ」と寝ぼけた返事をして、依頼者をムカつかせる。

スタートが速い人間は名前を呼ばれるや否や、「ハイ！」という声と同時にそこに立っていて、依頼者をベタ惚れさせる。

どちらが出世しやすいかは、誰が考えても明らかだろう。

出世をすると、給料が増えてリッチになる。

つまり、お金はスピーディなところに集まってくるという法則もあるのだ。

私はこれを大学時代に読んだ本ですでに完璧に予習していたから、社会に出るや否や、本当はまったくやる気がなくても、スタートだけはダントツのフライングをしたものだ。

名前を呼ばれれば「千田」の「せん」が聞こえただけで反応して、目の前のすべての仕事を放棄して依頼者の前に飛んで行った。

「先だって……」の「せん」にもよく反応して笑われたし、「先日」の「せん」にもよく返事をした。

ここだけの話、**スタートだけでもスピーディにとりかかると、普通にやっていても仕事が速いように見えるのだ。**

周囲の優等生たちが「これをやる根拠は何ですか？」「質問が三つあります」と依頼者にやらかそうものなら、私は心の中で大きくガッツポーズをしたものだ。

私の読者には優等生タイプも多いから念のため伝えておくと、「これをやる根拠は何ですか？」「質問が三つあります」というのは、お金を遠ざける悪魔の言葉だ。

現にそれらの悪魔の言葉を口癖にしていた優等生たちは、その後全員そろって私の部下になった。

スピーディに仕事をするとお金にモテるようになり、モタモタするとお金から嫌われるのだ。

最初は、ポーズでもいいから速く取りかかることだ。

とりあえず返事のスピードを速くすれば、自然と仕事にも速く取りかかれるようになる。

その勢いで仕事をすれば、必ず仕事のスピード自体が上がっていくものだ。

48

人口密度の低い時間帯は、チャンスを独り占めできる。

私は、物心がついた頃から、自分が不器用であることを自覚していた。

記憶を辿《たど》ると、幼稚園の頃から「自分は他人よりも不器用だな」ということは悟っていたように思う。

たいていのことは他人の何倍も時間がかかるし、しかもそのほとんどが途中で挫折《ざせつ》する。

欠点が多過ぎるがゆえに、数少ない長所が際立つようなタイプの落ちこぼれがクラスに必ず一人や二人いただろう。

まさにあれが私だった。

小学生の頃に私が特に努力しなくても淡々とクラスで上位を維持できたことといえば、数えるくらいしかない。

暗算、50メートル走、腕相撲、図画工作。

かなり一生懸命に思い出してもこれだけしか浮かばない。

自慢ではないが、これ以外の能力は、偏差値でいえばすべて30未満だと思う。

欠点があまりに多過ぎると、たまに長所をチラつかせるだけで逆に周囲は過大評価してくれるものなのだ。

これだけ不器用だと、まともなことをやっていてはこの資本主義の世の中では生きてはいけない。

そこで私は幼い頃から「いかにこの不器用さをごまかすか」を命がけで考え続けてきたように思う。

瞬発力と好きなことに没頭する集中力はあったから、これらを武器にして欠点をカバーしていかなければならなかった。

生来の不器用人間が人並み以上の結果を出す方法は、たった一つしか存在しない。

それは、競争率の低い場所で生きることだ。

たとえばサラリーマンだったら、夜のオフィスよりも早朝のオフィスの方が競争率は低いはずだ。

人口密度の低い時間帯は、チャンスを独り占めできる。

実際に私は早朝のオフィスに偶然かかってきた電話を取ったおかげで、大口契約に繋がった経験が何度もある。

コンサルタント会社に転職した頃は、落ちこぼれては大変だと思い、会社のすぐ裏に引っ越して朝5時から仕事をして始業時間には〝やらなければならないこと〟をすべて終わらせた。

バカにはバカの、不器用には不器用の、勝ち方があるのだ。

49

タイミングの悪い人は、お金持ちにはなれない。

お金持ちになるには、運が不可欠だ。

私が人並み以上に稼げるようになった最大の理由も、運だ。

正確には運以外の理由も複数あるのだが、ダントツで貢献してくれたのは、運としか言いようがない。

この運は、宝くじに当たるような運とは違い、「よくわからないけど、きっと成功する」という〝成功のエスカレーター〟に乗っている感覚の運だ。

成功のエスカレーターに乗っている人と乗っていない人は、一度でも一緒に仕事をすればすぐにわかる。

その違いは明確だ。

成功のエスカレーターに乗っている人は、すべてにおいてタイミングがいいのだ。

それに対して成功のエスカレーターに乗っていない人は、すべてにおいてタイミングが悪い。

たとえばあなたに電話をかけてくる人に、二通りいないだろうか。いつもタイミングのいい時間に電話をしてくる相手と、いつもタイミングの悪い時間に電話をしてくる相手だ。

タイミングのいい時間に電話をしてくる相手は、いつも「誰かから電話がこないかな」と待っている状態を狙ったかのように電話をくれる。だから誰からも愛されて、成功のエスカレーターで上昇し続ける。

タイミングの悪い時間に電話をしてくる相手は、あなたがつい携帯の電源を切り忘れたまま商談に入ってしまったタイミングを狙ったかのように、商談中に何度も執拗にかけてきて、ついには商談を台無しにしてしまう。だから、誰からも疫病神《やくびょうがみ》扱いされて、成功のエスカレーターに乗ることは永遠にない。

私は成功のエスカレーターに乗るための運は、努力で獲得できると確信している。

成功のエスカレーターに乗るためには、二つの能力を磨く必要がある。

想像力と淡白さだ。

たとえば電話をかける場合には、「電話する側はいつもベストタイミング、される側はワーストタイミング」という想像力を磨かなければならない。

そして、電話というのは何度かけても、何十回コールを鳴らしても、相手の都合が悪ければ出られないのだから、連続で何度もかけずに、鳴らすコールも抑え気味にする淡白さが必要なのだ。

長々と鳴らして相手に迷惑をかけたのでなければ、どんな相手でも、必ずコールバックがあるものだ。

50

時間に愛された人に、お金は集まってくる。

時間の大切さはいくら語っても語り尽くせないが、一つだけ断言できることがある。

時間に愛された人にお金は集まってきて、時間に嫌われた人の元からお金は逃げるということだ。

時間が主であり、お金は従なのだ。

もし時間に人格があるとすれば、時間はどんな人を好きになり、どんな人を嫌いになるだろう。

「時間がない！」「忙しい！」が口癖の人を、果たして時間が好きになるだろうか。

そんなはずはないだろう。

私が時間だったら、「時間がない！」「忙しい！」が口癖の人は嫌いになるし、何としてでも足を引っ張ってやろうと考え、子分であるお金に「あんなヤツのところにもう行くな」と命令するに違いない。

それに対して「楽しいなぁ」「幸せだなぁ」「いつでもどうぞ」が口癖の

人のことは好きになるし、何としてでも応援してやろうと考え、子分であるお金に「あの人のところに集合して、どんどん使ってもらいなさい」と命令するに違いない。

以上の話をあなたは笑うかもしれない。

が、だからこそ、いつまでたってもお金持ちにはなれないのだ。

試しに、今の話をあなたの周囲にいる長期的なお金持ちに直接話してみてほしい。

「そんなの当たり前じゃないか」という顔をされるだろう。

お金持ちになりたければ、時間に愛される言葉を使うことが必要なのだ。

貧乏になりたければ、時間に嫌われる言葉を使えばいい。

呆れるほどにシンプルではあるが、本当にお金持ちと貧乏の差はただそれだけなのだ。

ここで大切なことは、自分が時間に嫌われる言葉を使っていなくても、時間を軽く見るような発言をする人が傍《そば》にいたら、もうそれだけでアウトだということだ。

チームでプレーをする際は、一番鈍臭い人間に仕事のスピードを合わせざるを得ないが、まさにあれと同じで、時間に嫌われる人間が周囲に一人でもいたらあなたも同類なのだ。

どうして貧乏人がいつも群がっていて、お金持ちは孤独を好むのか。

それは群がっていると何人かに一人の割合で、必ず時間に嫌われる人間が混ざっているからだ。一緒にいると、その運気が自分にまで伝染して、お金に避けられる人間になってしまっているのだ。

大袈裟な話ではなく、時間に嫌われるということは、宇宙から嫌われるということだ。

時間に好かれるということは、宇宙から好かれるということなのだ。

めぐりめぐって、ツキがあなたに向いてくるのだ。

千田琢哉著作リスト（2018年7月現在）

アイバス出版
『一生トップで駆け抜けつづけるために20代で身につけたい勉強の技法』
『一生イノベーションを起こしつづけるビジネスパーソンになるために20代で身につけたい読書の技法』
『1日に10冊の本を読み3日で1冊の本を書く ボクのインプット&アウトプット法』
『お金の9割は意欲とセンスだ』

あさ出版
『この悲惨な世の中でくじけないために20代で大切にしたい80のこと』
『30代で逆転する人、失速する人』
『君にはもうそんなことをしている時間は残されていない』
『あの人と一緒にいられる時間はもうそんなに長くない』
『印税で1億円稼ぐ』
『年収1000万円に届く人、届かない人、超える人』
『いつだってマンガが人生の教科書だった』

朝日新聞出版
『仕事の答えは、すべて「童話」が教えてくれる。』

海竜社
『本音でシンプルに生きる!』
『誰よりもたくさん挑み、誰よりもたくさん負けろ!』
『一流の人生―人間性は仕事で磨け!』
『大好きなことで、食べていく方法を教えよう。』

学研プラス
『たった2分で凹みから立ち直る本』
『たった2分で、決断できる。』
『たった2分で、やる気を上げる本。』
『たった2分で、道は開ける。』
『たった2分で、自分を変える本。』
『たった2分で、自分を磨く。』
『たった2分で、夢を叶える本。』
『たった2分で、怒りを乗り越える本。』
『たった2分で、自信を手に入れる本。』
『私たちの人生の目的は終わりなき成長である』
『たった2分で、勇気を取り戻す本。』
『今日が、人生最後の日だったら。』
『たった2分で、自分を超える本。』
『現状を破壊するには、「ぬるま湯」を飛び出さなければならない。』
『人生の勝負は、朝で決まる。』
『集中力を磨くと、人生に何が起こるのか?』

『大切なことは、「好き嫌い」で決めろ！』

『20代で身につけるべき「本当の教養」を教えよう。』

『残業ゼロで年収を上げたければ、まず「住むところ」を変えろ！』

『20代で知っておくべき「歴史の使い方」を教えよう。』

『「仕事が速い」から早く帰れるのではない。「早く帰る」から仕事が速くなるのだ。』

『20代で人生が開ける「最高の語彙力」を教えよう。』

『成功者を奮い立たせた本気の言葉』

『生き残るための、独学。』

KADOKAWA

『君の眠れる才能を呼び覚ます50の習慣』

『戦う君と読む33の言葉』

かんき出版

『死ぬまで仕事に困らないために20代で出逢っておきたい100の言葉』

『人生を最高に楽しむために20代で使ってはいけない100の言葉』

『20代で群れから抜け出すために顰蹙を買っても口にしておきたい100の言葉』

『20代の心構えが奇跡を生む【CD付き】』

きこ書房

『20代で伸びる人、沈む人』

『伸びる30代は、20代の頃より叱られる』

『仕事で悩んでいるあなたへ 経営コンサルタントから50の回答』

技術評論社

『顧客が倍増する魔法のハガキ術』

KKベストセラーズ

『20代 仕事に躓いた時に読む本』

『チャンスを摑める人はここが違う』

廣済堂出版

『はじめて部下ができたときに読む本』

『「今」を変えるためにできること』

『「特別な人」と出逢うために』

『「不自由」からの脱出』

『もし君が、そのことについて悩んでいるのなら』

『その「ひと言」は、言ってはいけない』

『稼ぐ男の身のまわり』

『「振り回されない」ための60の方法』

『お金の法則』

実務教育出版

『ヒツジで終わる習慣、ライオンに変わる決断』

秀和システム

『将来の希望ゼロでもチカラがみなぎってくる63の気づき』

新日本保険新聞社

『勝つ保険代理店は、ここが違う！』

すばる舎

『今から、ふたりで「5年後のキミ」について話をしよう。』

『「どうせ変われない」とあなたが思うのは、「ありのままの自分」を受け容れたくないからだ』

星海社

『「やめること」からはじめなさい』
『「あたりまえ」からはじめなさい』
『「デキるふり」からはじめなさい』

青春出版社

『どこでも生きていける　１００年つづく仕事の習慣』
『「今いる場所」で最高の成果が上げられる１００の言葉』
『本気で勝ちたい人は　やってはいけない』
『僕はこうして運を磨いてきた』

総合法令出版

『20代のうちに知っておきたい　お金のルール38』
『筋トレをする人は、なぜ、仕事で結果を出せるのか？』
『お金を稼ぐ人は、なぜ、筋トレをしているのか？』
『さあ、最高の旅に出かけよう』
『超一流は、なぜ、デスクがキレイなのか？』
『超一流は、なぜ、食事にこだわるのか？』
『超一流の謝り方』
『自分を変える　睡眠のルール』
『ムダの片づけ方』
『どんな問題も解決する　すごい質問』
『成功する人は、なぜ、墓参りを欠かさないのか？』
『成功する人は、なぜ、占いをするのか？』
『超一流は、なぜ、靴磨きを欠かさないのか？』
『超一流の「数字」の使い方』

ソフトバンク クリエイティブ

『人生でいちばん差がつく20代に気づいておきたいたった1つのこと』
『本物の自信を手に入れるシンプルな生き方を教えよう。』

ダイヤモンド社

『出世の教科書』

大和書房

『20代のうちに会っておくべき35人のひと』
『30代で頭角を現す69の習慣』
『やめた人から成功する。』
『孤独になれば、道は拓ける。』
『人生を変える時間術』

宝島社

『死ぬまで悔いのない生き方をする45の言葉』
【共著】『20代でやっておきたい50の習慣』
『結局、仕事は気くばり』
『仕事がつらい時　元気になれる１００の言葉』
『本を読んだ人だけがどんな時代も生き抜くことができる』
『本を読んだ人だけがどんな時代も稼ぐことができる』
『1秒で差がつく仕事の心得』
『仕事で「もうダメだ！」と思ったら最後に読む本』

ディスカヴァー・トゥエンティワン
『転職1年目の仕事術』
徳間書店
『一度、手に入れたら一生モノの幸運をつかむ50の習慣』
『想いがかなう、話し方』
『君は、奇跡を起こす準備ができているか。』
『非常識な休日が、人生を決める。』
『超一流のマインドフルネス』
『5秒ルール』
永岡書店
『就活で君を光らせる84の言葉』
ナナ・コーポレート・コミュニケーション
『15歳からはじめる成功哲学』
日本実業出版社
『「あなたから保険に入りたい」とお客様が殺到する保険代理店』
『社長!この「直言」が聴けますか?』
『こんなコンサルタントが会社をダメにする!』
『20代の勉強力で人生の伸びしろは決まる』
『人生で大切なことは、すべて「書店」で買える。』
『ギリギリまで動けない君の背中を押す言葉』
『あなたが落ちぶれたとき手を差しのべてくれる人は、友人ではない。』
日本文芸社
『何となく20代を過ごしてしまった人が30代で変わるための100の言葉』
ぱる出版
『学校で教わらなかった20代の辞書』
『教科書に載っていなかった20代の哲学』
『30代から輝きたい人が、20代で身につけておきたい「大人の流儀」』
『不器用でも愛される「自分ブランド」を磨く50の言葉』
『人生って、それに早く気づいた者勝ちなんだ!』
『挫折を乗り越えた人だけが口癖にする言葉』
『常識を破る勇気が道をひらく』
『読書をお金に換える技術』
『人生って、早く夢中になった者勝ちなんだ!』
『人生を愉快にする!超・ロジカル思考』
『こんな大人になりたい!』
『器の大きい人は、人の見ていない時に真価を発揮する。』
PHP研究所
『「その他大勢のダメ社員」にならないために20代で知っておきたい100の言葉』
『好きなことだけして生きていけ』
『お金と人を引き寄せる50の法則』
『人と比べないで生きていけ』
『たった1人との出逢いで人生が変わる人、10000人と出逢っても何も起きない人』
『友だちをつくるな』
『バカなのにできるやつ、賢いのにできないやつ』
『持たないヤツほど、成功する!』
『その他大勢から抜け出し、超一流になるために知っておくべきこと』
『図解「好きなこと」で夢をかなえる』
『仕事力をグーンと伸ばす20代の教科書』
『君のスキルは、お金になる』
『もう一度、仕事で会いたくなる人。』

藤田聖人

『学校は負けに行く場所。』
『偏差値30からの企画塾』
『「このまま人生終わっちゃうの?」と諦めかけた時に向き合う本。』

マネジメント社

『継続的に売れるセールスパーソンの行動特性88』
『存続社長と潰す社長』
『尊敬される保険代理店』

三笠書房

『「大学時代」自分のために絶対やっておきたいこと』
『人は、恋愛でこそ磨かれる』
『仕事は好かれた分だけ、お金になる。』
『1万人との対話でわかった 人生が変わる１００の口ぐせ』
『30歳になるまでに、「いい人」をやめなさい!』

リベラル社

『人生の9割は出逢いで決まる』
『「すぐやる」力で差をつけろ』

本作品は小社より二〇一六年九月に刊行されました。

千田琢哉（せんだ・たくや）

文筆家。愛知県犬山市生まれ、岐阜県各務原市育ち。

東北大学教育学部教育学科卒。日系損害保険会社本部、大手経営コンサルティング会社勤務を経て独立。コンサルティング会社では多くの業種業界におけるプロジェクトリーダーとして戦略策定からその実行支援に至るまで陣頭指揮を執る。のべ3,300人のエグゼクティブと10,000人を超えるビジネスパーソンたちとの対話によって得た事実とそこで培った知恵を活かし、"タブーへの挑戦で、次代を創る"を自らのミッションとして執筆活動を行っている。

現在までの著書累計は280万部を超える（2018年7月現在）。

ホームページ：http://www.senda-takuya.com/

だいわ文庫

自分《じぶん》の時間《じかん》が3倍《ばい》になる
人生《じんせい》を変《か》える時間術《じかんじゅつ》

著者　千田琢哉《せんだたくや》

©2018 Takuya Senda Printed in Japan

二〇一八年七月一五日第一刷発行
二〇一九年六月二〇日第二刷発行

発行者　佐藤　靖
発行所　大和書房《だいわしょぼう》
東京都文京区関口一－三三－四　〒一一二－〇〇一四
電話　〇三－三二〇三－四五一一

フォーマットデザイン　鈴木成一デザイン室
本文デザイン　荒井雅美（トモエキコウ）
本文印刷　信毎書籍印刷
カバー印刷　山一印刷
製本　ナショナル製本

ISBN978-4-479-30711-2
乱丁本・落丁本はお取り替えいたします。
http://www.daiwashobo.co.jp

だいわ文庫の好評既刊

＊印は書き下ろし

西多昌規
「昨日の疲れ」が抜けなくなったら読む本
こころとからだをリセットする42の新習慣
疲れやすい、だるい、朝がつらい、最近太りやすい――それは心と体のパワー不足。医師が教える疲れを治して引きずらないコツ！
650円
260-3 A

西多昌規
休む技術
エンドレスな忙しさにはまっていませんか？日本人は休み下手。でも、仕事の効率を上げるためにも賢い「オフ」が大切なのです！
650円
260-4 A

＊千田琢哉
20代のうちに会っておくべき35人のひと
20代でどんな人と会って何を学ぶべきなのか……人生の土台をつくる時期に気づいておきたい大切なこと。
600円
261-1 G

千田琢哉
30代で頭角を現す69の習慣
組織の評価はオセロゲーム。黙って力をつけておいて、最後にひっくり返した人が勝つ。会社では教えてくれない成功の秘訣69！
600円
261-2 G

千田琢哉
やめた人から成功する。
我慢をやめたら、挑戦するしかなくなる。現状維持に逃げずに、今日の「NO」で明日を変えよう。自由な人生になる63のルール。
600円
261-3 G

千田琢哉
孤独になれば、道は拓ける。
孤独になると……自信がつく、時間が増える、本物が見える、お金が増える、友人が変わる、成長する、夢がかなう……80の法則！
650円
261-4 G

表示価格はすべて本体価格（税別）です。本体価格は変更することがあります。

だいわ文庫の好評既刊

本田健 今谷鉄柱 作画
ユダヤ人大富豪の教え コミック版① アメリカ旅立ち篇
シリーズ一〇〇万部突破の大ベストセラー！コミック版でしか読めないエピソード満載。この物語を読めば、あなたの人生が変わる！
648円 8-3 G

本田健 今谷鉄柱 作画
ユダヤ人大富豪の教え コミック版② 弟子入り修業篇
アメリカ人大富豪ゲラー氏が日本人青年ケンに授ける知恵とはいかなるものか。幸せとは何か？ 成功とは何か？ 感動の友情物語！
648円 8-4 G

＊本田健
20代にしておきたい17のこと
『ユダヤ人大富豪の教え』の著者が教える、20代にしておきたい大切なこと。これからの人生を豊かに、幸せに生きるための指南書。
571円 8-6 G

本田健
図解 ユダヤ人大富豪の教え
ベストセラー『ユダヤ人大富豪の教え』がビジュアル化。チャート・マンガでお金の知恵をわかりやすく解説。忽ち人生が変わる1冊。
600円 8-7 G

＊本田健
30代にしておきたい17のこと
30代は人生を変えるラストチャンス！ ベストセラー『ユダヤ人大富豪の教え』の著者が教える、30代にしておきたい17のこととは。
571円 8-8 G

＊本田健
10代にしておきたい17のこと
人生の原点は10代にある！ 20代、30代、40代の人にも読んでほしい、人生にもっとも必要な17のこと。
571円 8-9 G

＊印は書き下ろし

表示価格はすべて本体価格（税別）です。本体価格は変更することがあります。

だいわ文庫の好評既刊

著者	書名	内容	価格
川北義則	男はお金とどうつき合うべきか 「男の器」の広げ方・32のコツ	お金で最も難しいのは、稼ぎ方ではなく上手な使い方。間違った使い方を正せば、未来が変わる。お金を生かすも殺すもあなた次第！	648円 194-1 G
川北義則	男が人生で捨てていいもの いけないもの	男は生きていく上で、絶対に必要なものと厄介な荷物になるものがある。人生の品格を上げ、本物の大人になるための生き方を説く。	650円 194-3 D
川北義則	60歳からやっていいこと いけないこと	60歳からの人生で、周囲から必要とされるには、身軽に楽しむには、知的に生きていくにはどうすればいいのか。老後の品格を磨こう！	650円 194-4 D
川北義則	「大人の人づきあい」でいちばん大切なこと	好き勝手に生きているのに孤立しない人、気を遣いすぎて損をする間抜けな人、その違いはどこにあるのか？ 人間関係に強くなる極意！	650円 194-5 D
曽野綾子	なぜ子供のまま大人が増えたのか	周囲に関心が薄い。理想と現実を混同する。考え方が一辺倒。日本人の幼児性が進んでいる。老いも若きも、皆がおかしくなっている！	648円 195-1 D
*内海裕子 白川修一郎 監修	快眠のための朝の習慣・夜の習慣 ぐっすり眠ってスッキリ目覚める	日本人の4人に1人が睡眠障害?! スッキリ目覚められない、ぐっすり眠れない……質の良い睡眠をとるための朝と夜の習慣を教えます。	600円 196-1 A

*印は書き下ろし

表示価格はすべて本体価格（税別）です。本体価格は変更することがあります。